Guía de la
Bruja del Bosque

MAGIA de la
ASTROLOGÍA

Título original: *The Witch of the Forest's Guide to Astrology Magick*

© 2025 Librero b.v. (edición española)
www.librero.nl

Texto © 2022 Lindsay Squire
© 2022 Quarto Publishing plc

Edición: Chloe Murphy
Cubierta e ilustraciones del interior: Viki Lester, de Forensics & Flowers
Diseño: Georgie Hewitt

Producción de la edición española:
Traducción: Montserrat Ribas Casellas
para Delivering iBooks & Design
Redacción y maquetación:
Delivering iBooks & Design, Barcelona

Distribución exclusiva de la edición española:
Librero IBP S. L.
C/ Paseo de los Olmos, n.º 20
Planta 1.ª, oficina 7
28005 Madrid, España
www.librero-ibp.es

Impreso en China
ISBN: 978-84-1154-047-6

MIXTO
Papel | Apoyando la
silvicultura responsable
FSC® C016973

Guía de la
Bruja del Bosque

MAGIA de la
ASTROLOGÍA

Ámese a través de la magia.
Sintonice con la sabiduría
de las estrellas

LINDSAY SQUIRE

ILUSTRACIONES DE VIKI LESTER

Librero

ÍNDICE

MI HISTORIA

La astrología ha desempeñado un papel importante en mi práctica durante los últimos seis años, aunque ya llevo catorce como bruja practicante. En el momento en que empecé a estudiar astrología y arañar la superficie, me enganché.

La lectura de mi carta natal por parte de un astrólogo profesional fue una revelación. Realmente me ayudó a comprenderme a mí misma y a saber por qué hago las cosas que hago. Fue casi como si la carta astral contuviera la clave de mi desarrollo personal; me ayudó a crecer en diferentes áreas de mi vida.

Todo el mundo tiene su carta natal. Es como una fotografía del cielo que revela dónde estaban las estrellas, planetas y otros cuerpos celestes, como los asteroides, en el momento exacto de su nacimiento. Sus posiciones se pueden interpretar para comprendernos a nosotros mismos en un nivel mucho más profundo.

Existen numerosos tipos de astrología, todos diferentes entre sí. Una modalidad popular es la astrología kármica, que defiende la creencia de que todos formamos parte de un ciclo infinito de vida, en el que seguimos naciendo bajo diferentes formas. A lo largo de estas vidas acumulamos cargas, acciones y patrones de conducta negativos; la astrología kármica trata de entender el bagaje kármico de nuestras vidas pasadas y de cómo este influye en nuestra encarnación actual. Otro tipo de astrología es la evolutiva, que se centra en el camino de evolución del alma a lo largo de las distintas vidas vividas. La astrología natal (o natalicia) es un sistema que tal vez conozca ya, puesto que se basa en la carta natal y en entender cada una de las partes que la componen.

Tanto si se inicia en la astrología como si lleva algunos años estudiándola y practicándola, espero que este libro le ayude a entender las bases de la astrología occidental. Tanto si practica la brujería como no, espero que el uso de la astrología se convierta en una herramienta para comprenderse mejor a sí mismo y a los demás. Si es bruja, el libro le mostrará cómo integrar la astrología en su práctica. Me siento honrada de poder acompañarle en esta parte de su viaje, igual que usted ha caminado conmigo por el mío.

Lindsay

COSAS QUE DEBE SABER ANTES
de emprender el viaje por este libro:

La astrología puede parecer complicada en un principio, pero no deje que esto le desanime

Al principio, con tantos términos, palabras y principios nuevos, la astrología puede parecer un lenguaje impenetrable, pero por favor no se desanime. ¡Es un lenguaje que se puede aprender! Este libro desglosa y explica los fundamentos astrológicos de una forma accesible, usando su mapa natal como base. Le ayudará a interpretar cada sección para que pueda usar la astrología de un modo práctico en su vida.

No saber la hora de nacimiento no es un obstáculo

No todo el mundo sabe a qué hora nació, pero esto no significa que su carta astral no sea útil. Una solución es calcular la carta con la salida del sol. Todo lo que precisa es averiguar a qué hora salió el sol el día (y lugar) en que nació y usarla como la hora de su nacimiento para hacer los cálculos. Se trata de un momento con el que

resonamos, ya que representa el «nacimiento» de un nuevo día, justo cuando vinimos al mundo. La carta astral resultante no será tan exacta como la que se calcula con la hora de nacimiento real, pero le ofrecerá un buen conocimiento de sí mismo.

La astrología nos ayuda a comprendernos mejor a nosotros mismos

Interpretar los diferentes elementos de su carta natal le ayudará a comprender mejor quién es realmente, qué es lo que hace y por qué lo hace. Asimismo, le ayudará a entender los rasgos y características de personalidad que le hacen único, y le ofrecerá una mejor comprensión del propósito de su alma. Puede servir de base para su desarrollo personal, y ayudarle a crecer de formas que hasta ese momento no había imaginado. Sin duda, una mejor comprensión de sí mismo le llevará a aceptarse tal como es.

La astrología es una herramienta increíble para el cuidado personal y el empoderamiento

El cuidado personal toma diferentes formas y su carta natal le revelará los métodos que mejor le convienen. Tomarse el tiempo de conocerse mejor, examinando los distintos niveles del mapa astrológico, ya es una forma de cuidar de sí mismo. La astrología le revelará sus puntos fuertes y sus dones, que le ayudarán a fomentar la confianza en sí mismo y a sentirse empoderado. Le mostrará también sus puntos débiles, pero de un modo que le animará a mejorarlos

No es necesario ser bruja para estudiar astrología

La antigua combinación de brujería y astrología es muy potente, pero no todas las brujas estudian astrología. Asimismo, no todos los astrólogos ni las personas interesadas por la astrología practican la brujería. Se pueden trabajar las dos a la vez, pero en realidad son prácticas distintas. Ejercer una de estas artes no implica automáticamente la práctica de la otra. Es una decisión personal, así que lo dejo en sus manos.

Descargo de responsabilidad. Este libro incluye hierbas, plantas, resinas y especias comunes asociadas con diferentes signos zodiacales, planetas y casas. Al trabajar con plantas hay que seguir algunas reglas básicas. Las recetas del libro son casi todas para uso externo. No consuma ninguno de los ingredientes a menos que la receta indique específicamente que puede hacerlo, y solo si está seguro de que no le producirá ninguna reacción alérgica o negativa. En caso de duda, consulte con el médico. No ingiera ni toque jamás una hierba no identificada. Investigue siempre sus hierbas, plantas y especias antes de ingerirlas o tocarlas, y consulte a su médico antes de trabajar con plantas si está embarazada, sufre de alguna alergia o tiene algún problema de salud. Si no se encuentra bien o experimenta una reacción a una planta, acuda inmediatamente al médico. Por favor, tenga en cuenta que algunas plantas pueden resultar peligrosas para los animales.

1
CARTAS ASTRALES

La carta natal (también llamada astral) es una fotografía del cielo en el momento exacto de su nacimiento, observado desde la Tierra. La carta astral de la página anterior es la mía. Muestra el ordenamiento celeste a la hora en que nací (2.45 a.m.), el 4 de mayo de 1984, observado desde el condado inglés de Yorkshire, donde nací.

La carta natal es una instantánea fija del tiempo, con usted en el centro y los planetas y signos a su alrededor en un mapa circular, tal como se encontraban en el firmamento en el momento de su nacimiento. Cada signo y cada planeta influyen de forma diferente en su vida, dependiendo del lugar que ocupan en la carta.

Existen numerosos lugares en Internet donde poder calcular gratuitamente su carta natal, pero es interesante saber que unos son mejores que otros (en la página 172 indico algunos de mis favoritos). Necesitará la fecha, lugar y hora de nacimiento para poder calcular su carta. Para asegurarse de que la carta es exacta, use dos o tres calculadores diferentes y compare el resultado.

Si no sabe a qué hora nació, calcule la carta según el momento de la salida del sol. Busque la hora en que salió el sol el día (y el lugar) en que nació y úsela como hora de nacimiento para realizar el cálculo. La carta astral resultante no será tan exacta como la que se calcula con la hora real de nacimiento, pero nos ofrecerá una buena comprensión de quiénes somos.

Ahora que ya tiene su carta natal, es hora de aprender a interpretarla.

LAS CARACTERÍSTICAS PRINCIPALES
de una carta astral

Nuestro sistema solar está formado por el Sol en el centro y el resto de los planetas orbitando a su alrededor, pero en la carta astral las cosas son un poco diferentes. Es un cálculo geocéntrico, lo que significa que es usted quien ocupa el centro y los cuerpos celestes parecen moverse a su alrededor desde su posición y perspectiva terrestre. Es por ello que en la carta astral nunca aparece la Tierra como planeta.

La carta de la página siguiente es un ejemplo que incluye los nombres de las características principales. Al principio puede parecer complicado, pero las podemos desglosar en estos apartados:

☾ El círculo exterior contiene los signos del ascendente, descendente, medio cielo (*medium coeli*) y fondo de cielo (*imum coeli*) que veremos más adelante.

☾ El segundo círculo de la carta contiene los doce signos del zodiaco (*véase* capítulo 2), que representan diferentes tipos de personalidad según el día de nacimiento. Cuando se calcula la carta astral, los signos zodiacales se sitúan según el signo del ascendente. El ascendente se encuentra a la izquierda de la carta, en la línea horizontal señalada con ASC o AC, y el descendente a la derecha de la misma línea, señalada DES o DSC.

☾ El tercer y cuarto círculo se dividen en doce secciones llamadas casas astrológicas (*véase* capítulo 5). Juntas simbolizan las diferentes esferas de la existencia humana. Es aquí donde se sitúan los planetas, según se encontraban en el cielo en el momento del nacimiento. Los límites entre las casas y los signos se llaman cúspides.

☾ Las formas geométricas que se dibujan entre las casas y planetas se llaman aspectos. Se miden por grados y muestran las relaciones angulares entre los planetas en la carta, de acuerdo con el lugar exacto que ocupaban en el cielo al nacer (*véase* capítulo 6).

En este libro examinaremos todas estas partes en detalle para ir construyendo los cimientos de la astrología.

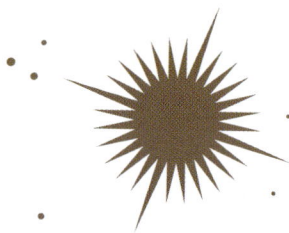

LECTURA DE UNA CARTA ASTRAL

ASPECTOS

MEDIO CIELO
(*Medium coeli*)

ASCENDENTE

SIGNOS
ZODIACALES

MC

ASC

DESC

PLANETAS

DESCENDENTE

IC

FONDO DE CIELO
(*Imum coeli*)

CASAS
ASTROLÓGICAS

Esta carta pertenece a una persona de ascendente Sagitario (*véase* pág. 18 para la clave de los signos zodiacales); los signos zodiacales de la carta se ordenan según el signo del ascendente. Fíjese en la diferencia entre esta carta y la mía de la página 10, ya que en mi caso el ascendente es Acuario. Los signos zodiacales se colocan en posiciones diferentes en cada carta para que la línea que señala el eje Asc/Desc sea siempre la horizontal que corta la carta por la mitad. En este caso, verá que el Sol de esta persona se encuentra en Acuario, y la Luna, en el signo de Aries.

SIGNO DEL SOL

Energía masculina
Personalidad exterior
Imagen exterior
Autoexpresión
Rasgos principales
Identidad
Personalidad consciente
Deseos y necesidades
El yo
Puntos fuertes y débiles

SIGNO DE LA LUNA

Energía femenina
Personalidad interior
Cuidados
Emociones
Sentimientos
Reacciones emocionales
Instintos
Intuición
El pasado
Mente subconsciente

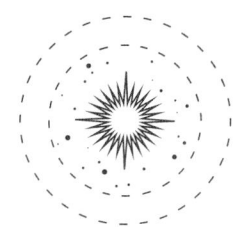
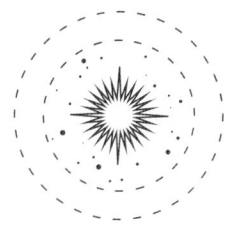

Los signos del SOL Y DE LA LUNA

Los signos de su Sol, Luna y Ascendente componen los «tres grandes» para empezar a interpretar la carta natal. Representan diferentes aspectos de la persona. Juntos, representan su yo interior y exterior y definen su personalidad de forma general.

Signo del Sol

A veces se toma el signo del Sol como totalidad, por ejemplo cuando decimos «soy Sagitario». En realidad, el signo donde se encuentra el Sol representa la personalidad y el ego. Es el punto de partida para intepretar la carta porque esencialmente trata del yo y de quien es la persona en realidad. El signo del Sol depende de la fecha de nacimiento, pero siempre es mejor comprobarlo calculando la carta completa, ya que la fecha exacta varía ligeramente 1 o 2 días por año.

El signo del Sol representa la energía que usted expresa en el mundo. Es la forma más elevada de autoexpresión y tiene que ver con su personalidad más íntima, aunque el modo en que la expresa dependerá del signo zodiacal en que se encuentra el Sol (*véase* capítulo 2). El signo del Sol es donde se forma su identidad y autoestima, y donde se crea nuestra personali-dad consciente. Rige el modo en que nos ven los demás. Examinando el signo solar emprenderá un camino de descubrimiento donde aprenderá sobre sus necesidades y deseos más profundos, así como sus puntos fuertes y débiles. También son importantes la polaridad, modalidad y elemento del signo solar, ya que sus energías influirán sobre la forma en que se expresa naturalmente (más información en el capítulo 3).

Signo de la Luna

El signo de la Luna es tan importante como el del Sol, aunque la mayoría de las personas no conocen el suyo. Mientras que el signo del Sol es su forma de expresarse hacia el exterior, el de la Luna le pide que vaya hacia el interior. Representa sus sentimientos y su personalidad emocional, lo que necesita para sentirse seguro en la vida, y su reacción emocional a lo que suce-de a su alrededor. El signo lunar le habla sobre sus necesidades emocionales y cómo satisfacer-las. Si examina el signo de la Luna podrá enten-der sus instintos y su intuición, y vivirá una profunda sensación de conocerse a fondo. Pero, como en el caso del Sol, el modo en que esta relación consigo mismo se expresa depende del signo del zodiaco en que se encuentre la Luna.

ASCENDENTE, DESCENDENTE,
medio cielo y fondo de cielo

Los signos de su ascendente (Asc), descendente (Desc), medio cielo (MC) y fondo de cielo (IC) están representados por puntos angulares de su carta natal, no por planetas u otros cuerpos celestes. Veamos con detalle los cuatro ángulos más importantes de su carta.

El ascendente (ASC)

En astrología, el signo de su ascendente es el tercero de los «tres grandes». Se le llama ascendente porque corresponde al signo zodiacal que ascendía por el horizonte oriental en el momento de su nacimiento. Representa su visión de la vida y el tipo de impresión que causa en los demás cuando le conocen. A menudo denominado la «máscara» que llevamos, es su imagen pública, cómo se presenta ante el mundo y como le ven los demás. El signo del ascendente cambia cada dos horas, pero si desconoce su hora de nacimiento, encuentre la hora en que salió el Sol ese día en el lugar donde nació. Puede usar esta hora al calcular su carta astral, como aproximación. Si el signo resultante no le dice nada, lea sobre todos los signos del zodiaco y elija el que más resuene con usted.

El descendente (DESC)

Aparte del signo del Sol, la Luna y el ascendente, el del descendente también es importante,
aunque a menudo no se tiene en cuenta. Corresponde al lado derecho de la línea horizontal que atraviesa la carta del ejemplo de la página siguiente, marcado DESC, opuesto al signo del ascendente (ASC). El signo del descendente da paso a la séptima casa astrológica (*véase* capítulo 6), que representa las relaciones y el modo en que interactúa con las personas de su entorno. La casa siete* es el punto más oriental de su carta y la primera el punto más occidental, donde se encuentra el ascendente.

Conocer el signo de su descendente le ayudará a entender su actitud hacia las relaciones. A menudo denominado «su lado en la sombra», el descendente alude a las partes de su ser que le resulta más difícil abordar. Revela aquellas cualidades de las que carece pero que inconscientemente busca obtener a través de sus relaciones con los demás. Asimismo puede revelar las cualidades que valora y que busca inconscientemente en un compañero romántico, así como el modo en que mantiene su compromiso dentro de la relación.

Medio cielo (MC)

El medio cielo (llamado también *medium coeli*, en latín, y que significa «la parte superior del cielo») da paso a la casa diez de la carta. Es un punto angular cerca de la parte más elevada de

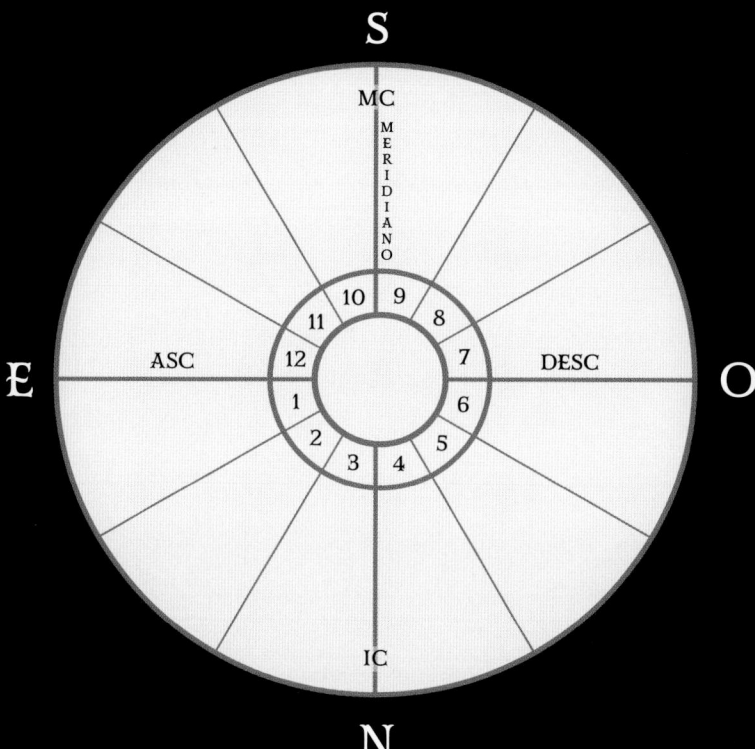

la carta, que representa su vida pública y profesional, estatus social y carrera. Puede darle una visión del tipo de impacto que causará en el mundo mediante sus conexiones así como un sentido de cuál es su propósito y su destino. Si le cuesta encontrar una profesión que encaje con usted, empiece por estudiar el medio cielo. El signo del zodiaco donde se encuentre le dará una mayor comprensión sobre el tipo de profesión que más le podría satisfacer y qué pasos seguir para llegar hasta allí. Para una interpretación más exacta, no se olvide de ver si hay algún planeta en el medio cielo (o en la casa diez), porque le guiarán hacia su máximo potencial y posibilidades de éxito.

Fondo de cielo (IC)

El fondo de cielo, nadir o *imum coeli*, en latín significa «la parte inferior del cielo». Corresponde a la cúspide de la casa cuatro. El fondo de cielo tiene que ver con el hogar, el pasado y la educación recibida. Representa asimismo su yo más profundo e íntimo, sus raíces y aquello que necesita para sentirse seguro en este mundo. Es importante saber el signo en que se encuentra, puesto que le dará una visión sobre las partes de sí mismo que mantiene ocultas, incluso aquellas que inconscientemente esconde de sí mismo.

2

LOS SIGNOS DEL ZODIACO

El zodiaco es la trayectoria que el Sol parece seguir por el cielo en el transcurso de un año. Este viaje celeste se divide en doce segmentos conocidos como signos zodiacales, que son: Aries, Tauro, Géminis, Cáncer, Leo, Virgo, Libra, Escorpio, Sagitario, Capricornio, Acuario y Piscis.

Estos signos zodiacales reciben su nombre por las 12 constelaciones que el Sol atraviesa en su movimiento anual. Asimismo, conocidos como horóscopos o signos estelares, los signos del zodiaco se basan en la ubicación de las estrellas en el cielo observadas desde la Tierra.

Su signo zodiacal queda determinado por la constelación que el Sol atravesaba el día en que nació. El Sol permanece unos 30 días en cada signo mientras avanza en su recorrido, aunque las fechas exactas varían 1 o 2 días. Esto se debe a que el polo norte de la Tierra tiene una inclinación de 23.5 grados, lo que afecta a la velocidad a la que la Tierra gira en diferentes momentos. Las fechas que damos aquí son las generales para cada signo, pero es importante comprobarlo para el año concreto en que nació, para saber su signo zodiacal exacto. Puede hacerlo con un calculador de cartas astrales (*véase* pág. 172 para servicios en línea).

En este capítulo examinamos cada signo zodiacal en profundidad, prestando atención a las diferentes características de personalidad, los símbolos y elementos que cada uno de ellos representa. Encontrará también una tirada de tarot para practicar con los signos y conectar y sintonizar con sus energías. Incluyo también otras correspondencias como hierbas y cristales, que se pueden usar en hechizos y rituales durante cada periodo zodiacal.

ARIES

21 MARZO-19 ABRIL

MANSIÓN LUNAR 1.ª, 2.ª y 3.ª **CASA** Uno
MANTRA «Yo soy» **MODALIDAD** Cardinal **POLARIDAD** Positiva

Cristales

Amatista, obsidiana lágrima de apache, aguamarina, aventurina, heliotropo, cornalina, citrino, cuarzo trasparente, diamante, ágata de fuego, granate, jaspe rojo, topacio.

Hierbas y especias

Albahaca, pimienta de Cayena, clavo, madreselva, ortiga, romero, hipérico, ajenjo, milenrama.

Rasgos positivos

Las personas nacidas bajo este signo del zodiaco tienden a ser asertivas, directas, organizadas, apasionadas y honradas. ¡Ciertamente no son sutiles, ni en su personalidad ni en sus acciones! Sienten miedo como todo el mundo, pero no es tan fácil que se sientan limitados por sus temores, y viven de acuerdo con la expresión: «Siente el miedo, pero hazlo de todos modos».

Los Aries son líderes natos y no les gusta seguir a la gran masa. Son muy independientes y les molestan las personas o situaciones que suponen una amenaza para su libertad. Increíblemente decididos, generosos y competitivos, son felices con el cambio porque se saben adaptar fácilmente. Se les denomina los pioneros del zodiaco y son los que abren el camino.

Su mente rápida e inteligente a menudo ve la imagen global de un modo que otros signos son incapaces de hacer. Este signo optimista y entusiasta siempre busca el lado positivo de las cosas. Cuando estas se tuercen, sabe encontrar el lado bueno.

Rasgos negativos

Las personas nacidas bajo este signo son bastante impacientes, lo cual origina mal genio. Los Aries pueden ser impulsivos y no les importa correr riesgos, decidiendo meterse de lleno en todo aquello que hacen, con toda su energía. Aunque esto no es mala cosa, sí significa que se pueden agotar con rapidez, porque no saben mantener el ritmo. ¡También tienden a creer que siempre tienen razón! Esto hace que no sean buenos jugadores de equipo, porque prefieren emprender proyectos y tratar con los problemas en solitario, en lugar de escuchar y colaborar con los demás.

Aries es el signo zodiacal más orientado hacia sí mismo y puede ser egoísta. Aunque las personas nacidas bajo este signo son determinadas, pueden dejar un proyecto a medio hacer porque carecen de la perseverancia para llegar hasta el final.

SÍMBOLO
El carnero

COLORES
Rojo, blanco

ELEMENTO
Fuego

ARIES

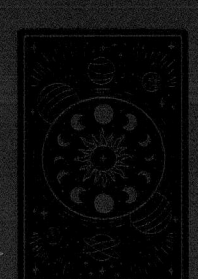

CARTA DEL TAROT
El Emperador

**PIEDRA DE
NACIMIENTO**
Diamante

PLANETA REGENTE
Marte

1.
¿En qué punto
de la vida me
encuentro?

2.
¿Qué ámbito de
mi vida precisa
mi atención?

3.
¿Qué está
empezando a
crecer en
mi vida?

4.
¿Cómo puedo
contribuir a este
crecimiento?

5.
¿Qué debo
eliminar para
fomentar el
crecimiento?

6.
¿Cómo lo
puedo hacer?

7.
¿Cuáles son mis
objetivos para
el periodo
de Aries?

COLORES
Verde, rosa

SÍMBOLO
El toro

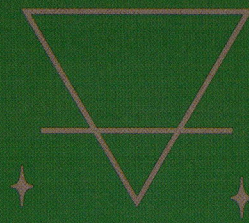

ELEMENTO
Tierra

TAURO

CARTA DEL TAROT
El Sumo Sacerdote

PLANETA REGENTE
Venus

PIEDRA DE NACIMIENTO
Esmeralda

1.
¿Qué traerá esta temporada?

2.
¿Cómo me puedo arraigar?

3.
¿Qué ámbito de mi vida precisa mayor estabilidad?

4.
¿Cómo puedo aprender a aceptar el cambio?

5.
¿Dónde he sido demasiado testarudo?

6.
¿Dónde tengo que ser más amable conmigo mismo?

7.
¿Cómo puedo tratarme a mí mismo con mayor afecto?

TAURO

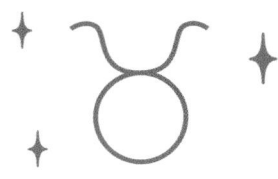

20 ABRIL-20 MAYO

MANSIÓN LUNAR 4.ª y 5.ª **CASA** Dos
MANTRA «Yo tengo» **MODALIDAD** Fija **POLARIDAD** Negativa

Cristales

Cianita azul, cornalina, diamante, esmeralda, jade, lapislázuli, malaquita, pirita, cuarzo rosa, rodonita, selenita, ojo de tigre, turmalina.

Hierbas y especias

Ashwagandha, hierba gatera, margarita, diente de león, matricaria, lavanda, malva, menta, pachulí, llantén, rosa, romero, salvia, tomillo.

Rasgos positivos

Las personas nacidas bajo este signo tienden a ser prácticas y a tener los pies en la tierra; aprecian y anhelan la estabilidad mental, emocional y física. Cuando el Tauro siente que está en un entorno estable, prospera, se relaja y es más abierto, pero esto solo ocurre cuando se siente seguro. Las personas nacidas bajo este signo son organizadas y suelen tener una vida regulada. Se puede confiar en ellos, se comprometen y valoran que los demás se comprometan también.

Los Tauro se dedicarán a fondo a cualquier proyecto o tarea que emprendan y superarán cualquier problema u obstáculo que surja. Su naturaleza confiable y determinada hace que lleven estos proyectos y tareas hasta el final, sin importar el esfuerzo que se precise para ello.

Rasgos negativos

Los Tauro suelen ser en exceso materialistas, se centran demasiado en el éxito material y se apegan al mismo. Su atención a los objetos materiales o «cosas» puede hacerlos posesivos, tanto con las «cosas» como con las personas de su entorno, en especial los más cercanos. A los nacidos bajo este signo fijo no les gusta el cambio, sobre todo el repentino y el que afecta a su sensación de estabilidad y seguridad. Esto puede hacerles inflexibles ante las nuevas ideas y vacilantes a la hora de tomar decisiones, aunque sean insignificantes, ya que prefieren que las cosas no cambien. Si el Tauro se siente demasiado cómodo en su entorno, donde las cosas no cambian, puede volverse perezoso. De vez en cuando, necesitan salir más allá de su zona de confort para mantenerse alerta, aunque no les apasione la idea.

El símbolo de Tauro es el toro, ¡lo que explica por qué las personas de este signo son tan cabezonas! Si no quieren hacer algo, simplemente no lo hacen. Esta obstinación incluye aferrarse a ideas y formas de pensar, y por ello pueden ser muy lentos en cambiar de idea y de forma de actuar.

GÉMINIS

21 MAYO-20 JUNIO

MANSIÓN LUNAR 6.ª y 7.ª **CASA** Tres
MANTRA «Yo pienso» **MODALIDAD** Mutable **POLARIDAD** Positiva

Cristales

Ágata, apatita, celestita, crisocola, crisoprasa, hematites, howlita, lapislázuli, zafiro, serpentina, sodalita.

Hierbas y especias

Anís, bardana, alcaravea, eneldo, lavanda, melisa, mejorana, perejil, escutelaria, valeriana.

Rasgos positivos

Los Géminis son sociables, les gusta divertirse y suelen ser carismáticos. Gracias a Mercurio, su planeta regente, son grandes comunicadores y disfrutan con un buen debate o discusión. También saben escuchar. Les resulta fácil relacionarse con cualquier tipo de entorno en el que se encuentren, porque poseen inteligencia y una mente ágil. Las personas nacidas bajo este signo aprenden rápido, realizan múltiples tareas a la vez y no les asusta el cambio, ya que se adaptan a cualquier situación. Los Géminis poseen una curiosidad casi infantil, por lo que son pensadores inquisitivos. Esto les ayuda a acumular un gran conocimiento general, casi enciclopédico.

Rasgos negativos

Como el primero de los cuatro signos mutables del zodiaco (*véase* pág. 47), Géminis posee un carácter voluble. Aunque les gusta divertirse y son desenfadados, de repente pueden ponerse serios, pensativos y tender a pensar demasiado las cosas, dejando a los demás asombrados ante un cambio tan brusco. Esto muestra la dualidad de la naturaleza de este signo. Otro ejemplo de ella es que los Géminis son conocidos por cambiar fácilmente de opinión y poseen la habilidad de que cada persona de su entorno les vea de manera diferente. Asimismo, tienden a confundir la línea entre realidad y ficción, haciendo que su «verdad» sea una mezcla de ambas, y eso es lo que les da la reputación de ser el signo zodiacal con «dos caras».

Aunque Géminis tiene una mente curiosa, su capacidad de atención no dura mucho y puede ser superficial. Esto significa que raramente se compromete a aquello que empieza porque se aburre con facilidad, y su inquietud hace que pase de una cosa a otra. El compromiso es algo que le resulta difícil a este signo.

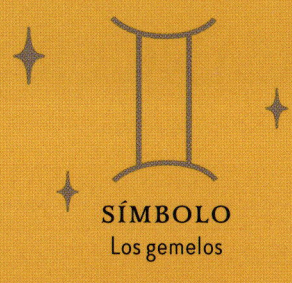

SÍMBOLO
Los gemelos

COLORES
Amarillo, verde, azul

ELEMENTO
Aire

GÉMINIS

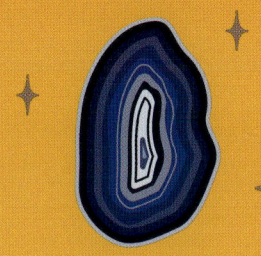

CARTA DEL TAROT
Los Amantes

**PIEDRA DE
NACIMIENTO**
Ágata

PLANETA REGENTE
Mercurio

1.
¿En qué punto
me encuentro?

2.
¿Dónde debo
decir lo que
pienso?

3.
¿Cómo me
puedo expresar
mejor?

4.
¿Dónde tengo
que escuchar
más?

5.
¿Cómo puedo
tener una
conexión más
profunda con
los demás?

6.
¿Dónde necesito
comprometerme
más?

7.
¿En qué debería
concentrarme
durante este
tiempo?

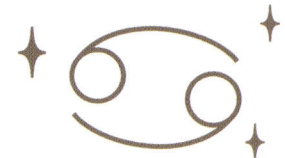
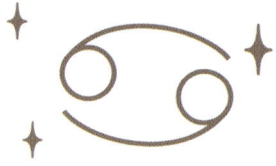

CÁNCER

21 JUNIO-22 JULIO

MANSIÓN LUNAR 8.ª, 9.ª y 10.ª **CASA** Cuatro
MANTRA «Yo siento» **MODALIDAD** Cardinal **POLARIDAD** Negativa

Cristales

Ámbar, cornalina, calcedonia, piedra lunar, ágata musgosa, ópalo, rodonita, selenita.

Hierbas y especias

Agrimonia, laurel, alcanfor, eucalipto, hisopo, jazmín, mirra, menta, trébol rojo, serbal, estragón.

Rasgos positivos

Gracias a estar regidas por la Luna, las personas nacidas bajo este signo suelen ser muy intuitivas y están en contacto con sus instintos más viscerales. Si sienten que algo va mal, ya sea una situación o una persona, por lo general algo va mal: su intuición raramente les falla. La persona Cáncer es muy perceptiva y receptiva de las energías de otros y de su entorno.

La Luna hace que Cáncer sea un signo extremadamente sensible y emotivo, pero al estar en contacto con sus emociones, son buenos cuidadores y sienten empatía por el dolor de otros, lo que les convierte en sanadores natos. Los nacidos bajo este signo son leales, les importa mucho su hogar y lo que más les gusta es cuidar de sus amigos y familiares. Asimismo, les encanta convertir su casa o espacio en un santuario, un lugar donde retirarse cuando el mundo les resulta avasallador.

Rasgos negativos

El lado emocional del Cáncer les puede hacer asumir los problemas de otros como si fueran propios. Absorben toda la energía negativa del entorno, y esto les deja innecesariamente abrumados a causa del estrés emocional. Los Cáncer temen ser vulnerables, y el exceso de emoción puede hacerles sentir desprotegidos e inseguros, sobre todo por su constante necesidad de aprobación por parte de las personas importantes de su vida. Esto indica que no siempre buscan la estabilidad que anhelan en el lugar adecuado. Esta inseguridad puede hacerlos dependientes y posesivos de las personas que aman porque desean seguridad. Es entonces cuando los Cáncer pasan de un comportamiento afectuoso y comprensivo a una actitud controladora. Su estado de ánimo, regido por la Luna, cambia como las fases de la misma, tan pronto son comprensivos y afectuosos como se ponen de mal humor y a la defensiva.

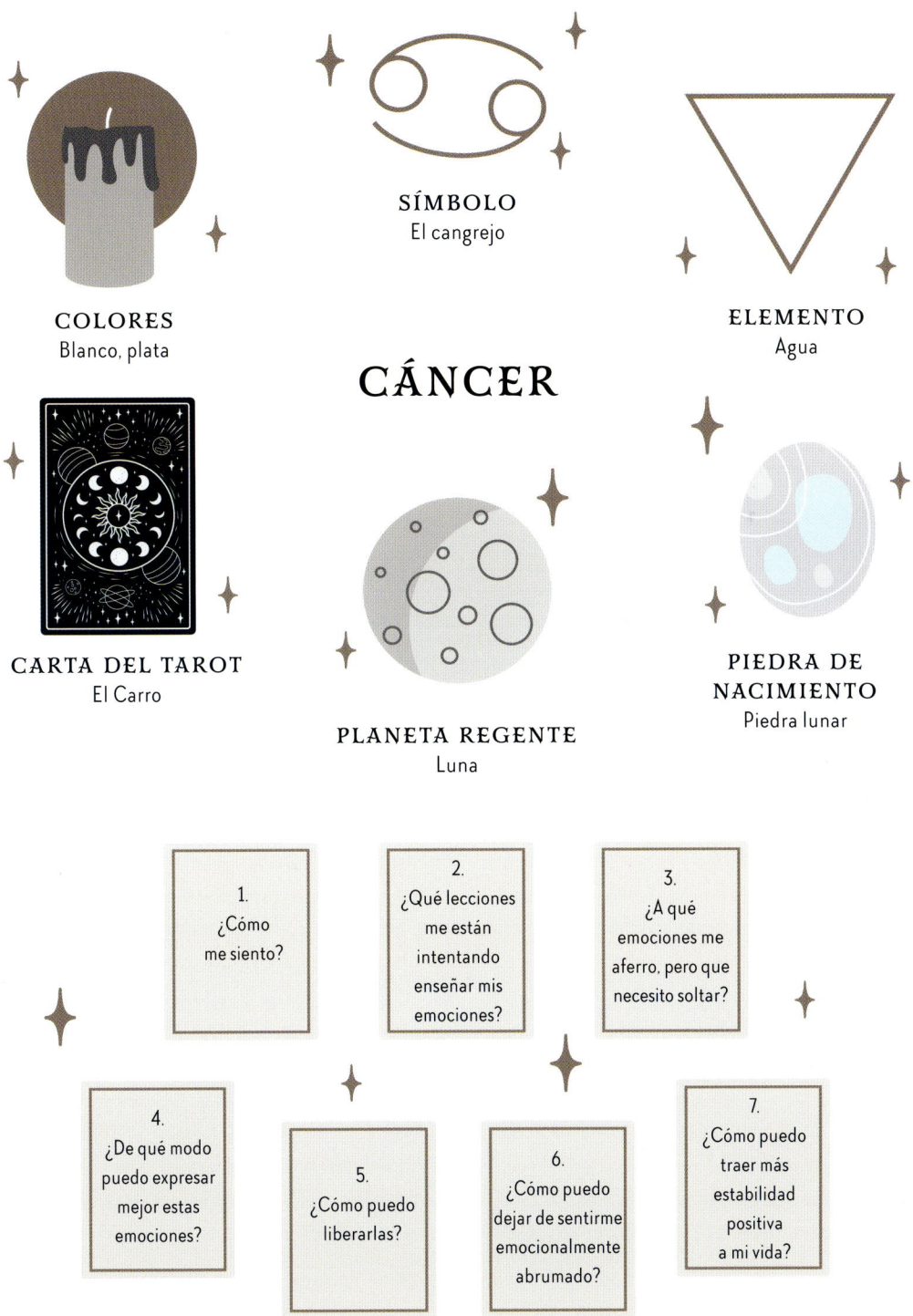

COLORES
Blanco, plata

SÍMBOLO
El cangrejo

ELEMENTO
Agua

CÁNCER

CARTA DEL TAROT
El Carro

PLANETA REGENTE
Luna

PIEDRA DE
NACIMIENTO
Piedra lunar

1.
¿Cómo
me siento?

2.
¿Qué lecciones
me están
intentando
enseñar mis
emociones?

3.
¿A qué
emociones me
aferro, pero que
necesito soltar?

4.
¿De qué modo
puedo expresar
mejor estas
emociones?

5.
¿Cómo puedo
liberarlas?

6.
¿Cómo puedo
dejar de sentirme
emocionalmente
abrumado?

7.
¿Cómo puedo
traer más
estabilidad
positiva
a mi vida?

LEO

23 JULIO-22 AGOSTO

MANSIÓN LUNAR 11.ª y 12.ª   **CASA** Cinco
MANTRA «Lo haré»   **MODALIDAD** Fija   **POLARIDAD** Positiva

Cristales

Ámbar, turmalina negra, cornalina, crisocola, granate, kunzita, labradorita, ónice, calcita naranja, obsidiana roja, rodocrosita, rubí, heliolita.

Hierbas y especias

Caléndula, manzanilla, canela, benjuí, eufrasia, hinojo, enebro, lavanda, gordolobo, pimienta, nuez moscada, romero, girasol.

Rasgos positivos

Las personas nacidas bajo este signo poseen una personalidad intensa y carismática. Tienen confianza en sí mismos, son valientes y les encanta expresarse. Con el Sol como regente y el fuego como elemento, la naturaleza de los Leo es cálida y generosa y su corazón es noble. Son apasionados, asertivos y creativos y, como signo fijo (*véase* pág. 46), los Leo muestran gran dedicación a cualquier proyecto del que formen parte. Son ambiciosos, y esto los convierte en buenos líderes, ya que poseen la habilidad natural de inspirar y sacar lo mejor de la gente con la que trabajan.

Tienen un gran sentido del humor, que les ayuda en todos los ámbitos de la vida. Saben ver el lado cómico de una situación cuando las cosas se tuercen y usan su sentido del humor para animar a quienes les rodean. Son amigos leales y generosos, y les encanta la diversión y la aventura. Como el león que representa al signo, protegen con ferocidad a las personas que aman.

Rasgos negativos

Aunque los Leo son conocidos por su fuerza, son muy sensibles a las críticas, en especial de las personas queridas. Tienen una necesidad innata de ser admirados y de caer bien, así que no reaccionan bien ante la crítica. Su intenso deseo de ser aceptado puede hacerles vulnerables a la manipulación. Leo es un signo asertivo, y este no es un rasgo negativo, pero a menudo cruzan la línea y pasan de asertivo y lleno de confianza a agresivo y arrogante. Puede presumir y sentirse demasiado orgulloso de sus logros, lo que le hace propenso a ser egocéntrico y vanidoso. Al ser un signo fijo, suele tener ideas, opiniones y creencias fijas, y su cabezonería empeora las cosas. Pueden seguir adelante obstinadamente, solo porque así lo han decidido, aunque descubran que no les conviene seguir por ese camino.

COLORES
Amarillo, naranja, oro

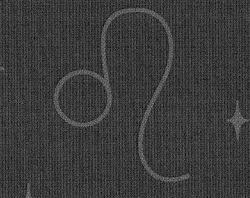

SÍMBOLO
El león

ELEMENTO
Fuego

LEO

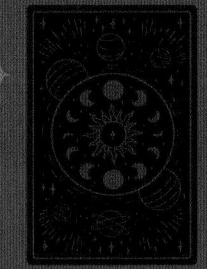

CARTA DEL TAROT
La Fuerza

PLANETA REGENTE
Sol

PIEDRA DE NACIMIENTO
Rubí

1. ¿Dónde me encuentro ahora?	**2.** ¿Dónde reside mi fuerza?	**3.** ¿En qué esfera de mi vida debo ser más valiente?
4. ¿Dónde puedo ser más flexible y menos testarudo?	**5.** ¿Cómo puedo asumir mi propio poder?	**6.** ¿Qué lecciones me intenta enseñar el tiempo de Leo?

COLORES
Marrón, verde

SÍMBOLO
La doncella/virgen

ELEMENTO
Tierra

VIRGO

CARTA DEL TAROT
El Ermitaño

PLANETA REGENTE
Mercurio

PIEDRA DE NACIMIENTO
Peridoto

1.
¿Cuál será el tema para el tiempo de Virgo?

2.
¿Cómo puedo traer arraigo y estabilidad a mi vida?

3.
¿En qué ámbito tengo que organizarme mejor?

4.
¿En qué ámbito necesito relajarme y fluir?

5.
¿En qué y de qué manera soy demasiado duro conmigo mismo?

6.
¿Cómo puedo traer un mayor equilibrio a mi vida?

VIRGO

23 AGOSTO-22 SETIEMBRE

MANSIÓN LUNAR 13.ª y 14.ª   **CASA** Seis
MANTRA «Yo analizo»   **MODALIDAD** Mutable   **POLARIDAD** Negativa

Cristales

Amazonita, amatista, cornalina, crisocola, fluorita, jade verde, ópalo, peridoto, cuarzo rutilado, sodalita, sugilita.

Hierbas y especias

Aloe vera, agrimonia, manzanilla, hinojo, lavanda, melisa, avena, pimienta, escutelaria, tomillo, valeriana.

Rasgos positivos

Los Virgo están bien conectados con la tierra, por lo que son prácticos y tienen los pies en el suelo. Esto evita que se vuelvan arrogantes o egocéntricos. Los Virgo son modestos, en especial acerca de sus logros. Las personas nacidas bajo este signo tienden a ser muy organizadas y prestan una increíble atención al detalle; se fijan meticulosamente en todo lo que sucede a su alrededor, incluyendo las personas. Es un signo confiable y concienzudo, se asegura siempre de hacer las cosas bien, en parte por su enfoque metódico y estructurado. Siempre cumplen los plazos acordados y saben qué hacer para alcanzar sus objetivos.

La agilidad mental del Virgo no tiene igual, por lo que aprenden rápido y captan conocimientos y habilidades más deprisa que otros. Su planeta regente, Mercurio, les da una expresión elocuente y grandes dotes de comunicación.

Rasgos negativos

Aunque Virgo es un signo concienzudo y trabajador, sus puntos fuertes pueden ser también sus flaquezas. Tienden a trabajar en exceso y se desgastan, porque ponen toda su energía en aquello que hacen, a veces sin cuidarse ni tomarse un descanso para recargar las pilas. Tampoco ayuda el hecho de que se marcan objetivos inalcanzables, lo que significa que siempre están gastando energía en cosas que nunca podrán alcanzar. Este listón tan alto hace que los Virgo sean muy críticos consigo mismos. Tienden a esforzarse por ser perfectos en todo, y cuando no lo consiguen, son muy duros consigo mismos. Dudan de sus capacidades, incluso de su sentido del valor. Tienden a pensar en exceso y eso les provoca una preocupación constante y un estado de ansiedad que los lleva a pensar que nunca serán capaces.

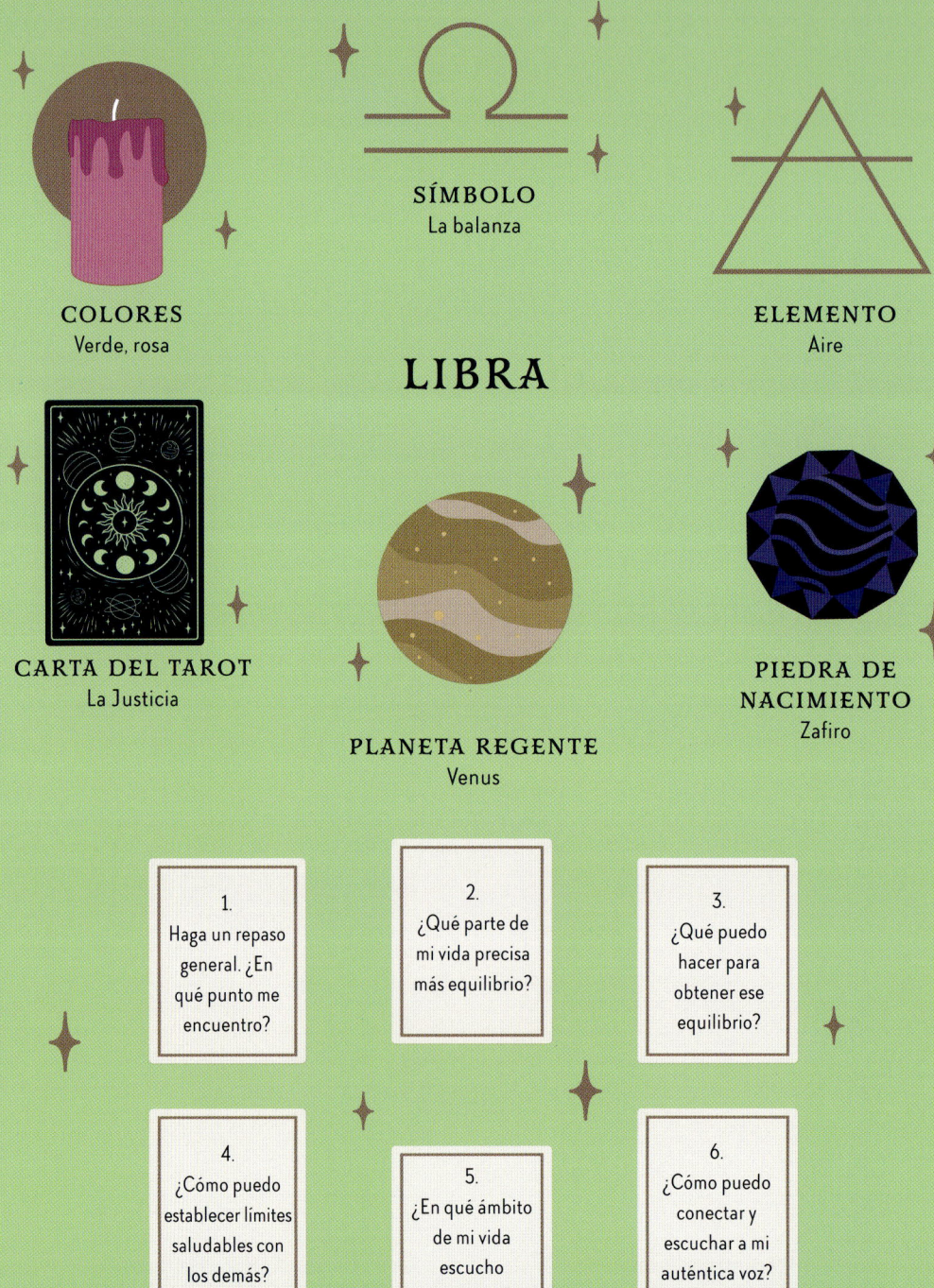

COLORES
Verde, rosa

SÍMBOLO
La balanza

ELEMENTO
Aire

LIBRA

CARTA DEL TAROT
La Justicia

PLANETA REGENTE
Venus

PIEDRA DE NACIMIENTO
Zafiro

1.
Haga un repaso general. ¿En qué punto me encuentro?

2.
¿Qué parte de mi vida precisa más equilibrio?

3.
¿Qué puedo hacer para obtener ese equilibrio?

4.
¿Cómo puedo establecer límites saludables con los demás?

5.
¿En qué ámbito de mi vida escucho demasiado a los demás?

6.
¿Cómo puedo conectar y escuchar a mi auténtica voz?

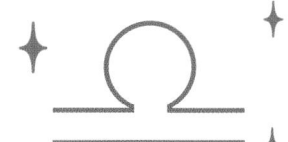
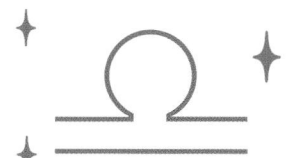

LIBRA

23 SETIEMBRE-22 OCTUBRE

MANSIÓN LUNAR 15.ª, 16.ª y 17.ª   **CASA** Siete
MANTRA «Me relaciono»   **MODALIDAD** Cardinal   **POLARIDAD** Positiva

Cristales

Ametrino, aguamarina, ojo de tigre azul, turmalina verde, jade, lepidolita, zafiro, topacio.

Hierbas y especias

Bardana, alcaravea, achicoria, damiana, sello de oro, jazmín, artemisa, ortiga, pasiflora, prímula, rosa, hierbabuena, milenrama.

Rasgos positivos

El símbolo de Libra es la balanza, lo que indica que es un signo al que le preocupa la equidad y el equilibrio en todas las cosas. Libra tiene un fuerte sentido de lo que está bien y lo que está mal y, a diferencia de los signos de agua, que miran más hacia adentro, los Libra miran hacia fuera y se preocupan por lo que ocurre en el mundo. Su naturaleza es tolerante y son buenos comunicadores. Gracias a Venus, su planeta regente, los Libra son también encantadores. Son sociables, elegantes y saben escuchar.

Las personas nacidas bajo este signo valoran la paz y la armonía y son mediadores natos. Poseen la diplomacia necesaria para unir a las partes en conflicto gracias a su habilidad para evitar desacuerdos. Como signo de aire, Libra es intelectual y despierto y piensa de una forma lógica y analítica cuando desea encontrar el equilibrio.

Rasgos negativos

Se suele decir que Libra es el signo más equilibrado de todos, pero esto no siempre es cierto. El platillo de la balanza oscila entre los dos extremos y eso significa que los Libra pueden cambiar fácilmente entre la introversión y la extraversión en su búsqueda del equilibrio. Buscan la armonía y, aunque esto no es un rasgo negativo, puede provocar que las personas de este signo se pasen en su deseo de complacer a otros y de aceptar compromisos con los que en el fondo no se sienten a gusto. Los Libra son capaces de sacrificarse solo para mantener la paz. Les gusta complacer y a veces están dispuestos a hacer cualquier cosa por los demás: esto les expone a la manipulación, sobre todo por su propensión a dejarse llevar y a que les importa demasiado la opinión de los demás.

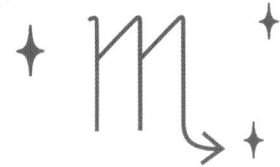

ESCORPIO

23 OCTUBRE-21 NOVIEMBRE

MANSIÓN LUNAR 18.ª y 19.ª   **CASA** Ocho
MANTRA «Yo transformo»   **MODALIDAD** Fija   **POLARIDAD** Negativa

Cristales
Berilo, heliotropo, granate, diamante Herkimer, obsidiana, jaspe rojo, rodocrosita, topacio.

Hierbas y especias
Cilantro, comino, fumaria, jengibre, ginseng, hibisco, poleo, zanahoria silvestre, hoja de frambuesa, tabaco (atención: tóxico), ajenjo.

Rasgos positivos
Escorpio es un signo muy apasionado y los nativos tienden a ser intensos e intuitivos gracias a la influencia de sus planetas regentes: Marte y Plutón. Esto los hace muy independientes y prefieren hacerlo todo ellos solos antes que aceptar la ayuda de otros. Son increíblemente decididos y persistentes, y si hay algo que quieren, no se detendrán ante nada hasta haberlo conseguido. Utilizarán su poder interior para acercarse a sus metas, superando cualquier obstáculo y sin dejar que las opiniones de los demás les desvíen del camino. También son pacientes, así que se tomarán el tiempo que necesiten para alcanzar estas metas.

Como signo de agua, los Escorpio están en contacto con sus emociones. A pesar de lo que puedan parecer, son muy sensibles, aunque exteriormente controlan muy bien sus emociones. Los nacidos bajo el signo de Escorpio son curiosos por naturaleza y quieren llegar siempre al fondo de la cuestión, profundizando para entender aquello que para ellos es importante.

Rasgos negativos
Los Escorpio pueden ser muy manipuladores y celosos. Por ser tan competitivos, se vuelven envidiosos de quienes consiguen sus objetivos antes que ellos o lo hacen mejor. Existe una dualidad en las personas Escorpio: no quieren que les controlen de ninguna forma, pero ellos mismos pueden ser muy controladores. Prefieren decir a otros lo que tienen que hacer y tener control sobre ellos y sobre el entorno.

Su sinceridad puede resultar brutal. Siempre dicen la verdad, y eso está bien, pero a veces van más allá y pueden complicar las cosas o volverse desagradables. A este signo le cuesta mucho confiar, a menudo sospecha de los demás y es notoriamente reservado, de manera que es bueno manteniendo sus planes en secreto. Esto hace que resulte difícil llegar a conocer de verdad a un Escorpio.

SÍMBOLO
El escorpión

COLORES
Rojo, negro, violeta, azul marino

ELEMENTO
Agua

ESCORPIO

CARTA DEL TAROT
La Muerte

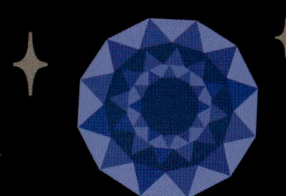

**PIEDRA DE
NACIMIENTO**
Topacio

PLANETAS REGENTES
Marte y Plutón

1.
¿En qué punto de mi vida me encuentro?

2.
¿Qué cosas despiertan mi curiosidad este mes?

3.
¿En qué ambito de mi vida soy demasiado controlador?

4.
¿En qué ámbito de mi vida debo recuperar el control?

5.
¿Cómo puedo aprender a confiar en los demás?

6.
¿En qué punto debo ser más sincero conmigo mismo?

7.
¿Qué intenta enseñarme el periodo de Escorpio?

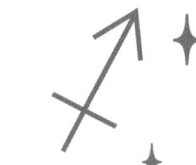 

SAGITARIO

22 NOVIEMBRE-21 DICIEMBRE

MANSIÓN LUNAR 20.ª y 21.ª   **CASA** Nueve
MANTRA «Ya veo»   **MODALIDAD** Mutable   **POLARIDAD** Positiva

Cristales

Ágata de encaje azul, granate, jade, malaquita, cuarzo ahumado, obsidiana nevada, turquesa.

Hierbas y especias

Agrimonia, arnica, clavel, malva, reina de los prados, trébol rojo, sauce.

Rasgos positivos

Los Sagitario son nómadas y de naturaleza curiosa y aventurera. Valoran la libertad personal y la independencia y se centran en la superación personal y el crecimiento. Les encanta vivir en el momento, lo cual explica por qué los Sagitario siempre están cuestionándolo todo. Como signo de fuego, son dinámicos, abiertos de mente y con tendencia a ver el mundo desde una perspectiva filosófica. Siempre sabrá a qué atenerse con un Sagitario por su honestidad y sentido de integridad personal.

Regido por Júpiter, Sagitario se asocia con la buena fortuna y la suerte. Gracias al planeta, el signo es conocido también por su gran sentido del humor y su enfoque entusiasta y positivo ante la vida. Los Sagitario son optimistas y confiados, y siempre ven el lado bueno de cualquier situación.

Rasgos negativos

Como es el caso de otros signos, los puntos débiles de los Sagitario se derivan de sus puntos fuertes. Debido a su naturaleza aventurera y amante de la libertad, resulta difícil amarrar a un Sagitario. Se les conoce por su falta de compromiso ante cualquier plan o idea que se les proponga, ya que prefieren seguir su propio camino. Cuando se sienten equilibrados, los Sagitario disfrutan mucho de las pequeñas cosas de la vida, pero cuando se desestabilizan, están tan ocupados y concentrados en lo último que les interesa, que se pierden las pequeñas cosas y los placeres sencillos.

A los Sagitario les gusta correr riesgos y siempre buscan algo nuevo que emprender, abandonando proyectos antes incluso de haberlos puesto en marcha. Como signo de fuego, los Sagitario pueden ser impacientes, tener mal genio y ser muy impulsivos, lo que les da fama de impredecibles. Quizás crea saber a qué atenerse con este signo, pero los Sagitario pueden cruzar la raya y ser brutalmente sinceros, lo que resulta un tanto chocante.

SÍMBOLO
El arquero

COLORES
Naranja, violeta, azul marino

ELEMENTO
Fuego

SAGITARIO

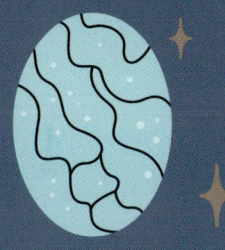

CARTA DEL TAROT
La Templanza

**PIEDRA DE
NACIMIENTO**
Turquesa

PLANETA REGENTE
Júpiter

1.
¿Cómo me siento ahora que empieza el periodo de Sagitario?

2.
¿En qué ámbito de mi vida necesito ir más despacio?

3.
¿En qué ámbito de mi vida debo comprometerme más?

4.
¿En qué ámbito de mi vida debo arriesgarme para que todo vaya bien?

5.
¿En qué punto tengo que ser más sincero conmigo mismo?

6.
¿Cómo puedo detenerme a apreciar las cosas sencillas de la vida?

COLORES
Gris, verde oscuro

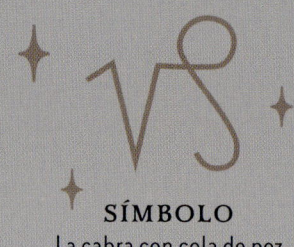

SÍMBOLO
La cabra con cola de pez

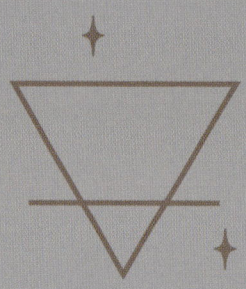

ELEMENTO
Tierra

CAPRICORNIO

CARTA DEL TAROT
El Diablo

PLANETA REGENTE
Saturno

PIEDRA DE NACIMIENTO
Granate

1.
¿Qué carta describe el punto donde me encuentro?

2.
¿En qué objetivos debo concentrarme durante la época de Capricornio?

3.
¿En qué ámbito de mi vida debo ser más perseverante?

4.
¿En qué ámbito de mi vida tengo que estar más relajado?

5.
¿De qué forma me presiono demasiado?

6.
¿Cómo puedo liberarme un poco de esta presión?

7.
¿Cómo puedo aprender a pedir ayuda cuando la necesito?

CAPRICORNIO

22 DICIEMBRE-19 ENERO

MANSIÓN LUNAR 22.ª, 23.ª y 24.ª   **CASA** Diez
MANTRA «Yo uso»   **MODALIDAD** Cardinal   **POLARIDAD** Negativa

Cristales
Azurita, ónice negro, fluorita, granate, labradorita, malaquita, cuarzo ahumado.

Hierbas y especias
Alcaravea, pimienta de Cayena, consuelda, helecho (atención: tóxico), fumaria, jengibre, gordolobo, romero, ruda, verbena.

Rasgos positivos
Como signo de tierra, los Capricornio son prácticos, responsables y tienen los pies en el suelo. Son ambiciosos y poseen gran determinación y dedicación para alcanzar sus objetivos, aunque tarden un tiempo en hacerlo. La perseverancia es uno de los puntos fuertes de Capricornio, así como una sólida ética de trabajo, lo que significa que no les importa nada esforzarse y seguir intentándolo hasta llegar al punto donde desean estar. Regidos por Saturno, los Capricornio son conocidos por ser disciplinados y por su autocontrol, que les resulta útil para alcanzar sus metas. Les gusta competir consigo mismo como forma de progresar.

Gracias a Saturno, los Capricornio son también muy organizados y tienen un gran sentido del deber y de la responsabilidad.

Rasgos negativos
Los Capricornio son determinados y perseveran el tiempo que haga falta hasta alcanzar sus metas. Aunque esto no es malo, se pueden centrar tanto en sus objetivos que suelen dejar a un lado todo lo demás. Los Capricornio pueden ser muy testarudos a la hora de pensar en hacer algo que no sea trabajar y esforzarse para lograr lo planificado. A menudo, se niegan a cambiar de opinión o perspectiva una vez han tomado una decisión. Regidos por Saturno, los Capricornio pueden parecer fríos y distantes, en especial cuando se concentran excesivamente en sus objetivos. Es un signo que constantemente se pone a prueba y se expone a una tensión excesiva intentando alcanzar la perfección en aquello que se proponen; el miedo al fracaso hace que no dejen de esforzarse, lo que les hace propensos al agotamiento al asumir ellos solos una responsabilidad que los supera.

COLORES
Azul, turquesa, plata

SÍMBOLO
El aguador

ELEMENTO
Aire

ACUARIO

CARTA DEL TAROT
La Estrella

PLANETAS REGENTES
Saturno y Urano

PIEDRA DE NACIMIENTO
Aguamarina

1.
¿Cómo me siento emocional-mente?

2.
¿Por qué me dan miedo mis emociones?

3.
¿Cómo puedo entender mejor mis sentimientos?

4.
¿Cómo puedo aprender a expresar mis emociones?

5.
¿Cómo puedo ser fiel a la persona que realmente soy?

6.
¿Qué me intenta enseñar la época de Acuario?

ACUARIO

20 ENERO-18 FEBRERO

MANSIÓN LUNAR 25.ª y 26.ª **CASA** Once
MANTRA «Yo sé» **MODALIDAD** Fija **POLARIDAD** Positiva

Cristales
Amazonita, angelita, aguamarina, azurita, celestita azul, crisoprasa, fluorita, magnetita.

Hierbas y especias
Benjuí, bardana, diente de león, jazmín, kava, mirra, romero, hamamelis.

Rasgos positivos
Los Acuario son pensadores visionarios e inteligentes, conocidos por su agudeza e ingenio. Regidos por el elemento aire, valoran su libertad e independencia, así como la inventiva y la innovación. Les encantan las actividades intelectuales. El regente tradicional de Acuario es Saturno, lo que explica su alto nivel de disciplina intelectual. El segundo regente es Urano, de ahí su fuerte sentido de conciencia social. Son conocidos por ser humanitarios y sus acciones se orientan hacia las personas.

Gracias a Urano, los Acuario son poco convencionales y nada tímidos: les encanta destacar entre la multitud, en lugar de intentar pasar desapercibidos. Tienen un carácter naturalmente radical y, a menudo, sienten que no encajan en lo que se considera la sociedad convencional. A pesar de ello, son capaces de adaptarse a la energía de su entorno.

Rasgos negativos
Los Acuario son conocidos por su inteligencia, pero, a veces, debido a su intensa concentración en empeños intelectuales, parecen fríos y distantes. No son precisamente conocidos por su expresión emocional, lo que puede hacer que parezcan desapegados del mundo que les rodea. Los Acuario tienen dificultades con las emociones, que ven más bien como una complicación. Prefieren tratar con conceptos en lugar de sentimientos.

Por ser un signo fijo (*véase* pág. 46), los Acuario pueden tener el listón muy alto, algo que no es un problema cuando se encuentran en equilibrio, pero que sí lo es en momentos de desestabilización. Los Acuario tienden a esperar de los demás un nivel prácticamente imposible de alcanzar. Esto puede generar malos sentimientos, resentimiento y que se sientan ajenos al resto de las personas. Como signo fijo, no dan su brazo a torcer y su naturaleza puede ser impredecible y temperamental.

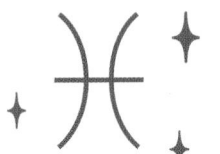
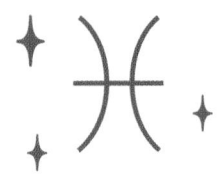

PISCIS

19 FEBRERO-20 MARZO

MANSIÓN LUNAR 27.ª y 28.ª   **CASA** Doce
MANTRA «Yo creo»   **MODALIDAD** Mutable   **POLARIDAD** Negativo

Cristales

Amatista, ametrino, ágata de encaje azul, cornalina, labradorita, lapislázuli, lepidolita, sodalita.

Hierbas y especias

Angélica, albahaca, borraja, pamplina, jengibre, dondiego de día, artemisa, orégano.

Rasgos positivos

Piscis, el último signo del zodiaco, es de naturaleza amistosa, generosa y compasiva. Regido por Júpiter y Neptuno, los Piscis siempre están dispuestos a echar una mano. Como signo de agua, son creativos e imaginativos, y como signo mutable (*véase* pág. 47), capaces de seguir la corriente de la vida. Se trata de uno de los signos más intuitivos y posee una gran empatía y conexión con los sentimientos. La capacidad emocional de los Piscis es considerable, y aceptan a las personas sin juzgar. Sienten que existe un propósito superior y, a menudo, siguen un camino espiritual gracias a la influencia de Júpiter. Tienen una profunda conexión con el universo, lo que les da la sensación de ser almas viejas y sabias.

Rasgos negativos

Como el signo más amable del zodiaco, es frecuente que los Piscis asuman los problemas de los demás como si fueran propios, y eso puede llegar a abrumarles. Esto empeora cuando por empatía absorben demasiada energía de otras personas; pueden quedarse agotados y vacíos si no protegen lo suficiente su propia energía. Ayudan a los demás en detrimento propio, dejando a menudo a un lado sus propias necesidades. Los Piscis son altruistas, pero esto les deja en desventaja porque otros se pueden aprovechar de su posición de vulnerabilidad. Esto llevará a una falta de confianza en sí mismos y a que duden de sus creencias.

Cuando se estresan, los Piscis tienen tendencia a hacer todo lo posible por ignorar sus problemas en lugar de detenerse y abordarlos. El escapismo y las ensoñaciones son típicos rasgos piscianos que son empleados para ignorar la realidad. Es un signo muy confiado, pero a veces lo es en exceso y confía en las personas equivocadas, por lo que acaban hiriéndole.

COLORES
Blanco, violeta

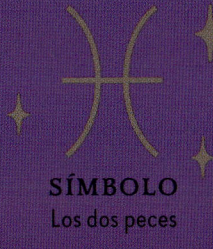

SÍMBOLO
Los dos peces

ELEMENTO
Agua

PISCIS

CARTA DEL TAROT
La Luna

PLANETAS REGENTES
Júpiter y Neptuno

PIEDRA DE NACIMIENTO
Amatista

1. ¿Qué carta describe mejor el punto donde me encuentro?	2. ¿En qué ámbito de mi vida doy demasiada energía?	3. ¿Cómo puedo proteger mi propia energía?	4. ¿En qué ámbito debo cuidar mejor de mí mismo?
5. ¿Cómo puedo tener mayor confianza en mí mismo?	6. ¿Qué temas he estado evitando?	7. ¿Cuál es la mejor forma de tratar con ellos?	8. ¿Qué intenta enseñarme la época de Piscis?

3

ELEMENTOS, MODALIDADES Y POLARIDADES

Ahora que hemos examinado los 12 signos del zodiaco, es hora de añadir otra capa de conocimiento astrológico. Conocer el elemento correspondiente a su signo, la modalidad y la polaridad, es otra forma de comprender su carta natal a un nivel mucho más profundo.

Las modalidades (a veces también denominadas cualidades, modos o cuadruplicidades), las polaridades y su elemento correspondiente son tres clasificaciones astrológicas que contribuyen a definir las diferencias energéticas entre los 12 signos del zodiaco. Conocer más sobre ello le permitirá profundizar en su carta natal. La combinación de los tres nos da una imagen más completa que nos ayuda a entender la dinámica energética de los 12 signos y el modo en que esto afecta al carácter y a los rasgos de conducta de la persona, así como al modo en que se relaciona con su entorno.

La modalidad de cada signo se refiere a la posición que ocupa dentro de la estación que representa: el inicio, la parte central o el final del periodo. Los 12 signos zodiacales se dividen en cuatro estaciones: primavera (Aries, Tauro y Géminis), verano (Cáncer, Leo y Virgo), otoño (Libra, Escorpio y Sagitario) e invierno (Capricornio, Acuario y Piscis).

Los elementos de tierra, aire, fuego y aire nos ayudan a entender cómo se manifiesta la energía de cada signo. La energía de tierra y agua es yin (femenina), mientras que la del fuego y el aire es yang (masculina). Por último, la polaridad —positiva o negativa— refleja el modo en que los signos se relacionan unos con otros y cómo dirigen su energía de forma natural.

MODALIDADES

SIGNOS CARDINALES

Los signos cardinales se asocian con la acción. Son los que inician el cambio y el movimiento y se consideran los más activos del zodiaco. Estos signos proponen un plan o una idea original. Son líderes natos y se adaptan bien a su entorno. Aunque Aries, Cáncer, Libra y Capricornio son todos cardinales, tienen enfoques diferentes en cuanto a la vida y al liderazgo. Esto se debe a que los signos cardinales son los primeros de cada una de las cuatro estaciones: Aries al inicio de la primavera, Cáncer del verano, Libra del otoño y Capricornio del invierno. Es por eso también que los signos cardinales se asocian con la energía de los nuevos comienzos.

En ocasiones, la naturaleza asertiva y enfocada hacia la acción de estos signos parece un tanto agresiva. Los signos cardinales son creativos, están motivados y valoran su indepen-dencia. Es importante destacar que los planetas de la carta natal se ven afectados si caen en un signo cardinal. Tal posición activa y magnifica las cualidades y energías del planeta. Si un planeta de intensa energía, por ejemplo Marte, cae en un signo cardinal, se activará en mayor grado que si se trata de un planeta más tranquilo, como Urano (más información al respecto en la página 75).

Signos zodiacales cardinales
Aries, Cáncer, Libra, Capricornio

Casas astrológicas
Uno, cuatro, siete, diez

Asociados con:
Acción, movimiento, motivación, asertividad, nuevos comienzos, iniciación.

SIGNOS FIJOS

Los signos fijos no responden bien al cambio. A los Tauro, Leo, Escorpio y Acuario les gusta la rutina y necesitan estabilidad para prosperar. Estos signos pueden tener ideas y pensamientos muy rígidos. No cambian fácilmente de opinión y no sueltan las cosas, ya sean temas pendientes o relacionados con personas o ideas.

Los signos fijos tienden a ser sensibles, leales y con los pies en la tierra. En términos de energía, continúan lo que empezaron los signos cardinales. Los cardinales tienen la idea inicial y los fijos, al ser muy organizados, convierten esas ideas en realidad. Puede confiar en que estos signos se encargarán de que las cosas se hagan.

Son los estabilizadores del zodiaco y los que unen a las personas, aunque se pueden obsesionar fácilmente con sus planes y perder de vista la visión de conjunto. Si tiene bastantes planetas en signos fijos en su carta natal, su carácter será constante, fiable y estable. Estos planetas a veces pueden traer estabilidad, pero también dificultades. Si algún planeta de intensa energía, por ejemplo Marte, se encuentra en un signo fijo, puede revelar las peores cualidades de este.

Signos zodiacales fijos
Tauro, Leo, Escorpio, Acuario

Casas astrológicas
Dos, cinco, ocho, once

Asociados con:
Estabilidad, rigidez, arraigo, lealtad, fiabilidad, coherencia, organización.

 # SIGNOS MUTABLES

Los signos mutables caen al final de cada estación: Géminis al final de la primavera, Virgo, del verano, Sagitario, del otoño, y Piscis, del invierno. Esto les confiere una energía asociada con los finales y hace que entiendan el cambio y que se adapten a las nuevas circunstancias. De hecho, los signos mutables disfrutan con el cambio porque no les gusta permanecer en un mismo lugar, o que las cosas no varíen, durante demasiado tiempo.

Los signos mutables son también buenos comunicadores y trabajan bien en equipo. Se les considera los más ingeniosos del zodiaco, ya que parece que pueden crear algo de la nada y siempre hacen lo que se requiere de ellos. Son filósofos y pensadores y no tienden a juzgar a menos que tengan pruebas o información que les invite a hacerlo.

Estos signos pueden ser inquietos, inestables y propensos a la ansiedad porque no tienen necesariamente un plan específico para seguir adelante. Esto puede provocar cierta incoherencia. Los planetas de gran energía, como Marte, por lo general no se ven afectados si se encuentran en un signo mutable en la carta natal, ya que seguirán con su propia energía. Pero los planetas más tranquilos podrían tener dificultades, creando una energía impredecible y un conflicto interior.

Signos zodiacales mutables
Géminis, Virgo, Sagitario, Piscis

Casas astrológicas
Tres, seis, nueve, doce

Asociados con:
Finales, cambio, adaptabilidad, flexibilidad, inquietud, versatilidad.

Signos de
TIERRA

El elemento tierra trata sobre la estabilidad y la tierra firme que pisamos. Los signos de tierra están mejor arraigados que el resto y prosperan cuando se sienten seguros y a salvo. Son buenos trabajadores y no temen ensuciarse las manos, sabiendo que el esfuerzo da buenos resultados. Son pacientes, persistentes y dedicados, así que no les importa trabajar duro y a largo plazo para alcanzar una meta o finalizar un proyecto. Los signos de tierra poseen una mente lógica, aunque tienden a dar demasiada importancia a las cosas materiales. Tienen sentido de la responsabilidad y del deber y son personas de confianza: cuando dan su palabra, la cumplen. No les gusta correr riesgos y son tradicionales en sus opiniones y creencias, ¡pero no son nada aburridos!

Cuando no se sienten equilibrados, tienden a resistirse al cambio y a ser muy cabezones; se atrincheran y pueden ser obstinados, incluso cuando saben que se equivocan. Cuantos más planetas en signos de tierra tenga en su carta natal, más estable será su carácter. El modo de pensar de las personas con pocos planetas en tierra puede ser más irracional e ilógico.

Signos del zodiaco
Tauro, Virgo, Capricornio

Planeta regente
Saturno

Punto cardinal
Norte

Casas astrológicas
Dos, seis, diez

Polaridad
Negativa

Cualidades
Estable, seguro, con los pies en la tierra, práctico, fiable, leal, materialista.

LA TIERRA NOS MOLDEA

Signos de
AIRE

El elemento aire se asocia principalmente con la comunicación y la actividad mental. Los nacidos bajo un signo de aire son elocuentes, inteligentes, curiosos y ágiles de mente. Poseen una forma especial de comunicarse porque son amables y fáciles de conocer. Asociado con una ráfaga de viento, el aire representa el movimiento. A los nacidos bajo un signo de aire les encanta adquirir conocimientos, sobre todo mediante la experiencia. Tienen buena memoria y absorben conocimientos sobre cualquier cosa y en cualquier lugar como una esponja absorbe el agua. El aire está en todas partes y lo conecta todo, y da a estos signos la capacidad de tener la mejor visión de conjunto.

Cuando están desequilibrados, pueden ser emocionalmente desapegados porque escuchan a la cabeza y no al corazón. También son propensos a la ansiedad y a estar inquietos, por lo que les cuesta concentrarse. Cuantos más planetas tenga en signos de aire en su carta natal, mejor será su capacidad de comunicación. Los signos de aire tienen sed de conocimiento, por lo que no es raro que sigan una trayectoria académica.

Signos del zodiaco
Géminis, Libra, Acuario

Planetas regentes
Mercurio, Urano

Punto cardinal
Este

Casas astrológicas
Tres, siete, once

Polaridad
Positiva

Cualidades
Comunicación, intelecto, movimiento, innovación, inspiración, idealismo, claridad mental.

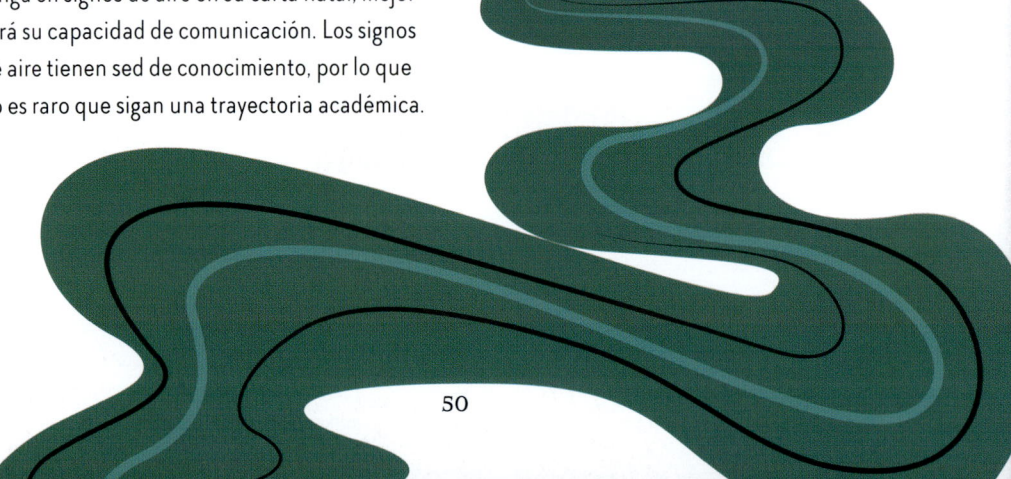

EL AIRE
NOS
CONECTA

Signos de FUEGO

El elemento fuego se asocia con la calidez, la energía y la vida. Los signos de fuego tienden a ser almas creativas que necesitan su libertad para prosperar. Pueden ser algo egocéntricas y les encanta ser el centro de atención. El fuego es el elemento de la acción y del deseo de seguir creciendo y evolucionando. No se puede ignorar la fuerza de las llamas, y lo mismo es aplicable al elemento fuego.

Las personas con un exceso de planetas en signos de fuego en su carta natal tienden a tener un temperamento fogoso, una energía aparentemente ilimitada y están muy motivados, aunque pueden ser propensos a arrebatos violentos y de ira. El orgullo, la vanidad y la irritabilidad son también rasgos que se asocian con los signos de fuego, pero también la capacidad de pensar con rapidez para vencer los obstáculos. Por otro lado, las personas con pocos planetas en signos de fuego en su carta pueden carecer de confianza en sí mismos y de valor y entusiasmo por la vida. Se asocia también con una naturaleza menos agresiva y explosiva.

Signos del zodiaco
Aries, Leo, Sagitario

Planetas regentes
Marte, Sol, Júpiter

Punto cardinal
Sur

Casas astrológicas
Uno, cinco, nueve

Polaridad
Positiva

Cualidades
Creatividad, valor, transformación, inspiración, confianza, fuerza, vida, entusiasmo.

Signos de AGUA

El elemento agua trata del movimiento, del flujo y del poder, y se lo asocia principalmente con las emociones. Los signos de agua son sensibles y receptivos a las emociones de los demás y muestran un alto grado de empatía. Esto significa que absorben las emociones de otros y pueden acabar abrumados por ellas. Si este es el caso, los signos de agua a menudo escapan de la realidad, prefiriendo vivir en un mundo de fantasía. Son intuitivos y están muy conectados con sus instintos viscerales, que a menudo expresan de forma artística. Pueden ser reservados e incluso tímidos, y prefieren relacionarse con sus amigos y familiares antes que con extraños.

Igual que el flujo y el reflujo del agua, los signos de agua son propensos a los cambios de humor, pero igual que el agua tranquila, también pasan por periodos de profunda reflexión. Las personas con un exceso de planetas en signos de agua en su carta podrían ser demasiado emotivas, impulsivas y autocomplacientes. Por contra, quien presenta pocos planetas en agua podría sentirse desapegado de otras personas y del entorno, y ser incapaz de mostrar empatía. Asimismo, podría estar desconectado de su intuición porque no siente con tanta intensidad

Signos del zodiaco
Cáncer, Escorpio, Piscis

Planetas regentes
Luna, Neptuno

Punto cardinal
Oeste

Casas astrológicas
Cuatro, ocho, doce

Polaridad
Negativa

Cualidades
Limpieza, purificación, intuición, fluir, emociones, compasivo, empático, artístico

EL AGUA NOS
CONMUEVE

POLARIDADES

Los 12 signos del zodiaco tienen una polaridad, lo que significa que su carga es negativa o positiva. Cuando hablamos de polaridad, no estamos diciendo que los signos de carga negativa sean malos y los positivos buenos, simplemente significa que poseen cualidades diferentes. Es como una pila, que tiene un polo positivo y otro negativo. Conocer la polaridad de los signos de la carta natal le ayudará a entender los diferentes aspectos de los mismos.

SIGNOS POSITIVOS

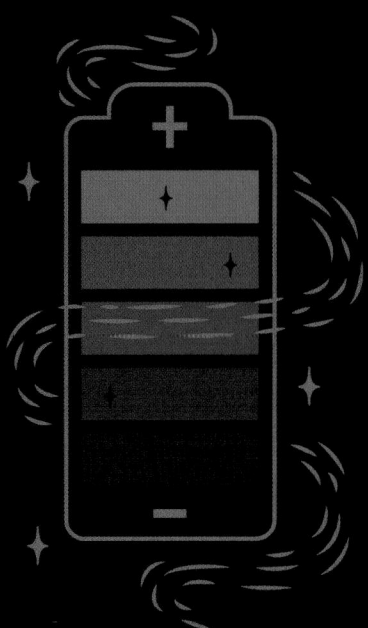

Los planetas en signos positivos tienden a ser extravertidos, sociables, activos y rebosan energía. Suelen tener una personalidad dinámica y enérgica que proyectan más hacia el exterior que hacia su interior. Si más de la mitad de los planetas de su carta están en signos positivos, pueden dar un carácter dominante. Necesitarán ser apreciados más que otros y serán muy dominantes a la hora de expresarse. Los planetas en signos positivos ayudan a procesar las emociones y a seguir adelante. Por ejemplo, Marte, el planeta de la guerra, se suele asociar con la agresividad pero, si está en un signo positivo, puede ser protector y defensivo.

Los signos zodiacales positivos (de más a menos positivo)
Aries, Libra, Leo, Géminis, Sagitario, Acuario

Elementos
Fuego, aire

Cualidades
Extravertido, sociable, espontáneo, energía masculina, autoexpresión, dominante.

Tener más planetas en signos negativos en su carta natal tiende a dar un carácter más introvertido y pasivo. Podría descubrir que tiende a reprimirse porque es más sumiso ante la autoridad. Si Venus o la Luna se encuentran en un signo negativo en su carta, realzan el tema emocional y en ocasiones podría sentir con demasiada intensidad.

Los signos zodiacales negativos (de más a menos negativo)

Tauro, Cáncer, Virgo, Escorpio, Capricornio, Piscis

Elementos

Tierra, agua

Cualidades

Introvertido, pasivo, sumiso, energía femenina, carácter reprimido, receptivo.

Los signos negativos complementan a los positivos en términos de energía. Son introvertidos, reservados y su naturaleza es reflexiva. Son el opuesto de los signos positivos y miran hacia su interior en lugar de hacia fuera. Asociados con los elementos agua y tierra, esto contribuye a

4

LOS PLANETAS

Además de la Tierra, los otros ocho planetas (Mercurio, Venus, Marte, Júpiter, Saturno, Urano, Neptuno y el planeta enano Plutón), el Sol, la Luna, y los nodos lunares norte y sur, resultan cruciales para comprender su carta astral, así como los fundamentos de la astrología.

Todos tenemos estos cuerpos celestes en nuestra carta natal, pero los planetas se expresan de diferente manera según el signo en que se encontraban en el momento de su nacimiento. Cada planeta representa una parte distinta de nuestra personalidad y carácter, y todos poseen su energía propia. Las posiciones de los planeta son cruciales para entender por qué hacemos lo que hacemos.

En astrología, los planetas se dividen en: las luminarias; los planetas personales; los planetas sociales (o impersonales), y los planetas transpersonales. Las luminarias son el Sol y la Luna; aunque no son planetas, se consideran los cuerpos celestes más influyentes. Los planetas personales son Mercurio, Venus y Marte. La órbita más corta de estos planetas significa que se mueven más rápidamente por los signos del zodiaco y pueden influir sobre nuestra vida, estados de ánimo y comportamiento de forma más intensa. Los planetas sociales Júpiter y Saturno representan aquello que debemos integrar y equilibrar en nuestra vida para ser miembros activos de la sociedad, y los planetas transpersonales de Urano, Neptuno y Plutón afectan a nuestra vida a largo plazo, a menudo influyendo sobre toda una generación.

El nodo norte y el nodo sur de la Luna no son cuerpos celestes, sino puntos matemáticos de la carta que caen en signos zodiacales opuestos. Pueden resultar clave para entender el propósito de su vida. En este capítulo examinaremos las luminarias, los planetas y los nodos lunares, y las correspondencias de cada uno de ellos para que pueda incorporar su energía a sus hechizos y rituales.

EL SOL

La mayoría de las personas conocen el signo de su Sol, porque es todo lo que necesita para consultar el horóscopo de periódicos, revistas e Internet. Es la parte más importante de su carta natal porque se refiere a lo más íntimo de su personalidad. Todo planeta y cuerpo celeste de nuestro sistema solar orbita alrededor del Sol, y por ello es importante en una carta astral.

El Sol tarda un año en recorrer los 12 signos zodiacales y es el regente de Leo, el signo del corazón. El Sol simboliza nuestra personalidad, identidad y sentido de la vida. Asimismo, representa el modo en que nos expresamos, el cual depende del signo y de la casa astrológica donde esté situado el Sol en su carta natal. Su autoexpresión se manifestará a través de las características y rasgos de su Sol. Por ejemplo, si tiene el Sol en Tauro, su forma de expresarse es a través de medios prácticos, impulsado por un carácter fiable y tocando de pies al suelo.

El Sol representa también nuestro ego, nuestra autoestima, cómo nos vemos a nosotros mismos y cómo vemos e interactuamos con otras personas. Revela aquello que nos motiva, lo que nos entusiasma y lo que nos lleva hacia adelante. La energía masculina del Sol se asocia con la salud física y con nuestro nivel energético, aunque este se expresa según el signo zodiacal donde se encuentre. Si el Sol se halla en uno de los signos de fuego (Aries y Sagitario, pero sobre todo en Leo), puede representar a una persona con un nivel elevado de energía y motivación.

Sin la luz y el calor del Sol no existiría vida en la Tierra. Del Sol obtenemos nuestra vitalidad y nuestra capacidad de crear. Es por ello que, en una carta astral, lo primero que los astrólogos miran es el signo solar, porque es la base para explorar el significado del resto de signos y planetas. El signo de su Sol es lo que le convierte en la persona que es.

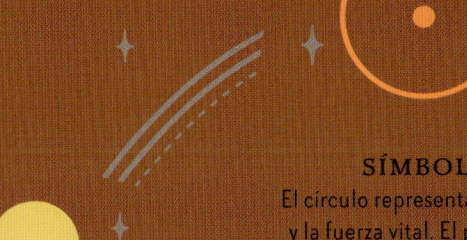

SÍMBOLO

El círculo representa el espíritu
y la fuerza vital. El punto es la
chispa divina que todos tenemos.

COLORES
Amarillo, naranja, oro

RIGE EL SIGNO DE
Leo

EL SOL

PALABRAS CLAVE
El yo, ego, vida, vitalidad, creación,
inspiración, poder, autexpresión,
identidad, personalidad, autoestima,
energía, alegría, impulso, motivación

CRISTALES
Ámbar, citrino,
granate, jaspe,
peridoto, pirita, cuarzo,
heliolita, ojo de tigre

HIERBAS, PLANTAS
Y RESINAS
Laurel, benjuí, cedro,
manzanilla, copal, eufrasia,
enebro, caléndula, romero,
sándalo, girasol

CARTA DEL TAROT
El Sol

LA LUNA

La Luna se asocia principalmente con el yo personal y las emociones. Después del signo del Sol, el de la Luna es el más importante del mapa astral, ya que representa nuestro mundo interior, el de nuestras emociones más íntimas, y el modo en que las expresamos. Deja al descubierto nuestros sentimientos, temores y deseos, y puede influir en cómo expresamos los rasgos del signo solar, pero desde una perspectiva emocional.

Como la Luna rige el signo de Cáncer, realza todavía más el tema de los sentimientos. Además de revelar las cosas que queremos, muestra también las que necesitamos en la esfera emocional. El modo de expresarlas dependerá del signo zodiacal donde se encontraba la Luna en el momento de nacer, ya que cada signo será diferente.

La Luna recorre los 12 signos del zodiaco con rapidez, ya que únicamente tarda 28 días en orbitar la Tierra, pasando 2,5 días en cada signo. La naturaleza cambiante de la Luna puede afectar directamente a nuestros cambios de humor y en cómo percibimos las cosas de nuestro entorno y nuestra respuesta ante ellas. Esta misma característica la conecta con la necesidad humana básica de tener seguridad emocional en un mundo siempre cambiante. La Luna muestra el modo en que buscamos y hallamos esta seguridad y dónde experimentamos una sensación de seguridad emocional.

La Luna se relaciona con el pensamiento inconsciente. Trata sobre los hábitos que adquirimos sin saberlo. Todos absorbemos pensamientos, ideas y acciones de las personas de nuestro entorno en un nivel subconsciente que afectan a nuestro propio comportamiento. La Luna lo saca a relucir. La Luna tiene que ver también con la memoria y el pasado. Muestra dónde ha estado, cómo se ha desarrollado emocionalmente y los puntos fuertes y débiles adquiridos de la familia pero, más importante todavía, revela cómo estas cosas impactan de forma directa en el momento presente.

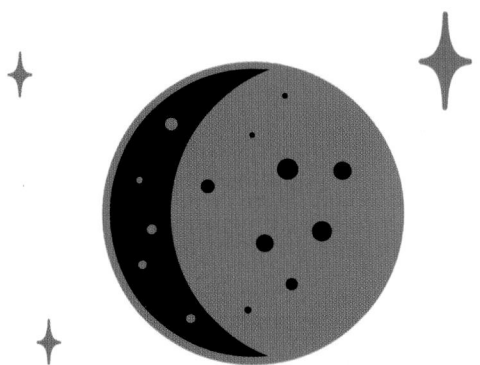

SÍMBOLO
Cuarto creciente

RIGE EL SIGNO DE
Cáncer

COLORES
Blanco, plata, gris,
crema

LA LUNA

PALABRAS CLAVE
Emociones, intuición, sentimientos,
receptividad, reflexión, instinto,
respuesta, mente subconsciente, el
pasado, memoria, energía femenina

HIERBAS, PLANTAS
Y RESINAS
Aloe vera, pamplina, eucalipto,
jazmín, azucena, melisa, malva,
amapola, sauce

CRISTALES
Aguamarina,
calcedonia, cuarzo
trasparente, piedra
lunar, ópalo, selenita,
cuarzo espíritu

CARTA DEL TAROT
La Sacerdotisa

SÍMBOLO
Mensajero de los dioses

COLORES
Verde, naranja,
azul pálido

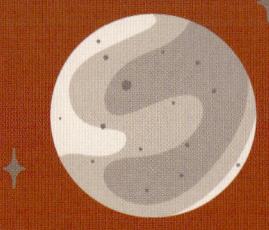

MERCURIO

PALABRAS CLAVE
Comunicación, conocimiento, la mente,
pensamiento, lógica, patrones,
elocuencia, coordinación, habla,
escritura, inteligencia, percepción

RIGE LOS SIGNOS DE
Géminis y Virgo

HIERBAS, PLANTAS
Y RESINAS
Helecho (atención: tóxico),
alcaravea, canela, eneldo,
lavanda, limoncillo,
mejorana, hierbabuena,
perejil, menta, anís
estrella, tomillo, asperilla

CRISTALES
Ágata, aventurina,
ágata encaje azul,
crisocola, fluorita,
cianita, moldavita,
cuarzo espíritu

CARTA DEL TAROT
El Mago

MERCURIO

ercurio es el planeta de menor tamaño y el más cercano al Sol. Debe su nombre al dios romano mensajero de los dioses. En mitología griega lo conocían como Hermes. El simbolismo del mensajero impartiendo información indica que Mercurio rige la comunicación y la mente. Representa nuestros procesos de pensamiento y nuestros patrones mentales: cómo le encontramos sentido al mundo, cómo la mente forma las ideas, y cómo nos expresamos y comunicamos con las personas de nuestro entorno.

Mercurio realzará su estilo de comunicación, ¡tanto el bueno como el malo! Es una gran oportunidad para observar cómo habla con los demás y para marcar sus propios límites. La forma en que se expresa dependerá del signo del zodiaco donde se encuentre Mercurio. Por ejemplo, si está en Libra, el estilo de comunicación será justo y lógico, y en Cáncer probablemente la comunicación será más emocional.

Mercurio rige los signos de Géminis y Virgo; el primero es un signo de aire que trae ideas e inspiración, y el segundo un signo de tierra práctico y con los pies en el suelo. El elemento tierra influye sobre Mercurio reforzando su asociación con las cualidades prácticas como la lógica y el razonamiento. El elemento aire hace que la inteligencia y la rapidez mental sean también dominio de Mercurio. El modo en que se comunica es tan importante como el acto de comunicarse gracias al práctico y pragmático elemento tierra. Cómo lo haga dependerá del signo donde se encuentre. Esto hace que Mercurio se asocie no solo con la comunicación, sino también con los métodos que empleamos para comunicarnos, como el habla y la escritura (tanto sobre papel como en línea).

Mercurio tarda aproximadamente 88 días en orbitar el Sol y permanece en cada signo zodiacal unas tres semanas, pero también se pone retrógrado tres o cuatro veces al año. La ahora notoria retrogradación de Mercurio puede causar montones de problemas en la comunicación (*véase* pág. 126).

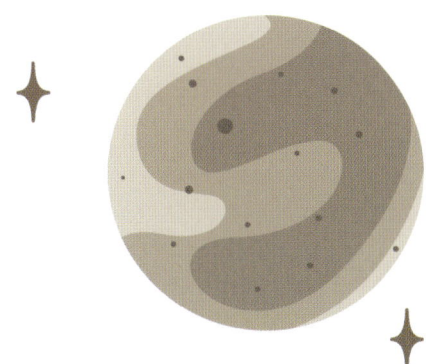

65

SÍMBOLO
Diosa del amor

RIGE LOS SIGNOS DE
Tauro y Libra

VENUS

PALABRAS CLAVE
Amor, belleza, armonía, valores,
atracción, placer, afecto, equilibrio,
dinero, satisfacción, realización

COLORES
Rosa, blanco,
blanco roto

CRISTALES
Azurita, crisocola,
esmeralda, kunzita,
moldovita, cuarzo rosa,
arenisca

**HIERBAS, PLANTAS
Y RESINAS**
Bardana, hierba gatera, narciso
(atención: tóxico), margarita,
damiana, matricaria, brezo,
hibisco, raíz de orris, rosa

CARTA DEL TAROT
La Emperatriz

VENUS

Venus es el segundo planeta del sistema solar y recibe su nombre por la diosa romana del amor y la belleza. Después del Sol, Venus es el objeto más brillante del firmamento. Simboliza nuestra capacidad de amor, tanto platónico como romántico. Se asocia con la armonía y con el hecho de encontrar el equilibrio en todo lo que hacemos.

Siendo el regente del signo de tierra Tauro, Venus tiene los pies en el suelo y quiere que reconozcamos y disfrutemos de la belleza que nos rodea en nuestra vida cotidiana, que a veces no sabemos ver. Tauro le da un toque sensual a la energía de este planeta, por lo que Venus trata sobre los placeres sensoriales, así como el amor y el cuidado que nos prodigamos a nosotros mismos. Tauro aporta un toque práctico y monetario a Venus, lo que significa que el planeta refleja la relación que tenemos con el dinero y con el papel que este desempeña en nuestra vida.

Venus rige también el signo de aire de Libra, por lo que se asocia con el romance y las relaciones románticas, y simboliza el amor que sentimos por otros. Conocer el signo donde se encuentra su Venus le ayudará a entender sus valores románticos, lo que le parece atractivo y cómo muestra su afecto. También le ayudará a comprenderse mejor a sí mismo, ya que le revela su propio lenguaje amoroso, su capacidad de acercarse a los demás. Trata sobre todas las formas en que personalmente le gusta dar y recibir amor. Aunque Tauro y Libra no tienen mucho en común como signos zodiacales, lo que sí comparten es el amor por las cosas materiales. Esto hace que Venus se asocie con el placer derivado de nuestras posesiones, de las comodidades y de los lujos que el mundo nos ofrece.

Venus tarda unos 225 días en orbitar el Sol, pasando casi 19 días en cada signo zodiacal. Esta órbita más corta (en comparación con la de la Tierra) hace de Venus un planeta influyente comparado por ejemplo con Urano y Neptuno, que tardan mucho más en orbitar alrededor del Sol y pasan varios años en cada signo.

MARTE

Marte se denomina «el planeta rojo» por el tono rojizo de su superficie. Es un color adecuado porque Marte se asocia con la acción, la pasión y la determinación.

Marte es el cuarto planeta a partir del Sol en el sistema solar. Tarda unos dos años en orbitar el Sol, permaneciendo en cada signo zodiacal casi ocho semanas. Saber en qué signo se encuentra Marte en su carta natal le dará más información sobre qué le motiva y lo que realmente le apasiona. Esta motivación, en un nivel básico, es necesaria para nuestra vida cotidiana, pero también nos sirve para encontrar la plenitud a través de las cosas que encienden nuestra pasión.

Marte es un planeta constructivo y destructivo a la vez. Puede ser constructivo cuando convertimos su energía voluntariosa en ambición y deseo de lograr lo que nos hace seguir adelante, pero puede ser destructivo cuando esta misma energía se traduce en un comportamiento temerario y egoísta. Es destructivo cuando crea y eleva los niveles de agresividad, razón por la cual recibe su nombre por el dios romano de la guerra. Como regente del signo de Aries (el dios Ares es el equivalente del dios Marte en la mitología griega), la naturaleza contundente del planeta rojo significa que conocer el signo donde se encuentra le ayudará a entender por qué se impone de la forma que lo hace y cómo aborda el enojo y la agresividad que pueden surgir en la vida cotidiana.

Marte se asocia con la lujuria y la sexualidad, por ser co-regente del signo de Escorpio. El signo donde cae Marte revela sus deseos y cómo los expresa, su impulso sexual, lo que le parece atractivo y lo que le excita. Aunque Venus es el planeta que determina la persona que amamos, Marte es el que influye en el modo de expresarlo mediante la sexualidad.

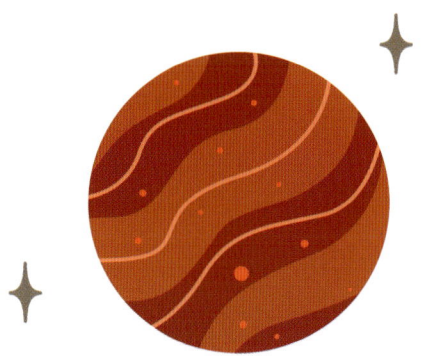

SÍMBOLO

El escudo y la espada del dios
de la guerra. Es también
el signo de lo masculino.

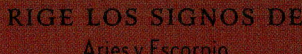

COLORES

Rojo

RIGE LOS SIGNOS DE

Aries y Escorpio

MARTE

PALABRAS CLAVE

Acción, voluntad, pasión, impulso,
determinación, lujuria, sexualidad,
agresividad, constructivo,
destructivo, enojo

CRISTALES

Cornalina, heliotropo,
granate, hematites, jaspe
rojo, rodocrosita, rubí

HIERBAS, PLANTAS
Y RESINAS

Pimienta de Jamaica,
albahaca, cilantro, comino,
espino, ortiga, pimienta,
tabaco (atención: tóxico),
ajenjo

CARTA DEL TAROT

La Torre

JÚPITER

Conocido como «el gran benéfico» por su asociación con la buena fortuna, Júpiter rige la expansión y el crecimiento. El planeta nos puede mostrar nuestras debilidades pero, debido a su naturaleza positiva, lo hace de un modo en que estas se convierten en una experiencia de aprendizaje que nos brinda la oportunidad de crecer y desarrollarnos.

Júpiter es el planeta de mayor tamaño del sistema solar y es el quinto a partir del Sol. Quiere que florezcamos y nos convirtamos en la persona que en realidad somos; por eso se lo asocia con el optimismo y con las cosas buenas. Posee una extraña habilidad de darle un giro positivo a todo. Esto es lo que asocia al gran benéfico con la prosperidad, la buena suerte y la abundancia, y por ello con los juegos de azar. El signo donde está Júpiter nos indica dónde y cómo podemos tener buena suerte cuando la necesitamos.

Asociado con la expansión, Júpiter rige la educación superior y el deseo de adquirir conocimiento en un nivel intelectual. Gracias a que rige Piscis, el planeta se asocia también con el crecimiento espiritual y religioso, contribuyendo a moldear sus creencias. El signo donde se encuentra Júpiter representa por tanto su intelecto y sus ideologías y filosofías personales. Le ayuda a entender dónde están sus dones y habilidades y cómo usarlas para enseñar a otros. El signo de Júpiter le revelará su sentido del propósito, de dónde procede y qué necesita para seguir creciendo a nivel personal. Júpiter es el co-regente de Sagitario y por ello le dará el impulso para expandir la mente en términos de viajes y exploración.

Júpiter tarda 12 años en orbitar alrededor del Sol, y pasa un año en cada signo del zodiaco. Esto significa que es el mejor planeta con el que trabajar cuando hacemos planes anuales a largo plazo para alcanzar nuestros objetivos.

SÍMBOLO
Representa el águila del dios romano
Júpiter. Podría ser también una «Z»,
la inicial de Zeus, el equivalente
de Júpiter en la mitología griega.

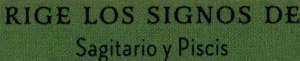

COLORES
Verde, violeta, azul

RIGE LOS SIGNOS DE
Sagitario y Piscis

JÚPITER

PALABRAS CLAVE
Expansión, abundancia, crecimiento,
buena fortuna, buena suerte, prosperidad, conocimiento, sabiduría, optimismo,
filosofía, positividad, poder, ideologías
personales

CRISTALES
Lapislázuli, lepidolita,
sugilita, topacio,
turquesa

HIERBAS, PLANTAS
Y RESINAS
Agrimonia, quinquefolio, clavo,
diente de león, acedera, reina
de los prados, nuez moscada,
orégano, salvia

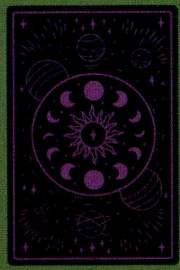

CARTA DEL TAROT
La Rueda de la fortuna

SÍMBOLO
La guadaña o la hoz

COLORES
Negro, gris, verde,
marrón

RIGE LOS SIGNOS DE
Capricornio y Acuario

SATURNO

PALABRAS CLAVE
Limitaciones, restricción, perseverancia,
trabajo duro, límites, control, disciplina,
el largo plazo, esfuerzo, karma, dificultades,
sabiduría, estructura, orden

CRISTALES
Obsidiana lágrima de
apache, turmalina negra,
calcita, hematites,
azabache, obsidiana, ónice,
serpentina

HIERBAS, PLANTAS
Y RESINAS
Belladona (atención: tóxica),
endrino, consuelda, ciprés, kava,
dondiego de día, gordolobo,
pachulí, escutelaria,
sello de Salomón

CARTA DEL TAROT
La Muerte

SATURNO

Saturno es notorio por sus desafíos. Se le denomina «planeta maléfico» porque su energía nunca resulta fácil de abordar. Su sobrenombre es «Padre tiempo». Esto no significa que Saturno no pueda ser positivo.

Es el sexto planeta a partir del Sol y el segundo en tamaño de nuestro sistema solar. Tarda 29,5 años en orbitar alrededor del Sol y pasa dos años y medio aproximadamente en cada signo del zodiaco, haciendo que sus efectos sean duraderos. El planeta trata sobre aprender las lecciones de la vida, en especial las que duran para siempre; el crecimiento y el desarrollo personal surgen cuando se entiende mejor la energía de Saturno.

El signo donde se encuentra Saturno puede ayudarle a identificar los obstáculos que impiden su crecimiento y la forma de vencerlos. También aportará luz sobre temas recurrentes de su vida, le ayudará a enfrentarlos y, más tarde, a superarlos, convirtiéndose en la mejor versión de sí mismo.

Saturno rige los signos de Capricornio y Acuario y se le suele asociar con los límites. Allí donde Júpiter nos ayuda a expandirnos, Saturno nos limita. Esto puede sonar duro, pero la restricción viene en forma de disciplina, orden, estructura, compromiso, madurez y responsabilidad. No es fácil tratar con estas cosas, pero dominarlas gracias al esfuerzo traerá recompensas. Las lecciones que aprende son difíciles, pero con la disciplina de Saturno, encontrará la plenitud. El signo donde se encuentra Saturno le dirá lo organizado que es y el carácter que se ha ido formando con el trabajo duro; con Saturno, se recoge lo que se siembra.

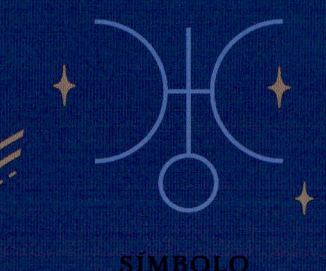

SÍMBOLO

La cruz (materia) sobre el círculo (espíritu). Los dos semicírculos representan la receptividad.

COLORES

Azul eléctrico

RIGE EL SIGNO DE

Acuario

URANO

PALABRAS CLAVE

Cambio, innovación, individualismo, independencia, libertad, perturbación, lo inesperado, rebelión, originalidad

CRISTALES

Aguamarina, azurita, labradorita, moldavita, circonio

HIERBAS, PLANTAS Y RESINAS

Canela, clavo, café, equinácea, nuez de cola, nuez moscada, pino, valeriana.

CARTA DEL TAROT

El Loco

URANO

A Urano se le denomina «el que despierta» porque provoca cambios súbitos y alteraciones, aunque el modo en que esto se manifiesta depende del signo zodiacal y de la casa donde se encuentre en su carta natal.

Urano es el séptimo planeta a partir del Sol y recibe su nombre por el dios griego del cielo, Ouranos. Tarda 84 años en orbitar alrededor del Sol y pasa unos siete años en cada signo del zodiaco. Como tarda tanto en completar una órbita, el efecto de Urano no se siente tanto en un nivel individual como generacional.

Su tránsito lento significa que comparte el signo que ocupa Urano en su carta con las personas de su misma generación. Esto hace de Urano el primero de los planetas transpersonales (Urano, Neptuno y Plutón), que ofrecen oportunidades evolutivas a largo plazo por el tiempo que tardan en orbitar alrededor del Sol.

Urano es un planeta desafiante, rige lo inesperado, el caos y los cambios repentinos. Su energía es indefinida y representa picos de energía que se pueden manifestar como estrés, ansiedad y tensión. El signo donde se encuentra Urano le ayudará a entender cómo alcanzar un estado mental más elevado y una conciencia superior que le permitirá superar estas tensiones. Si ha estado buscando la claridad interior, conocer el signo en que está Urano le ayudará a determinar la mejor forma de conseguirlo.

Urano rige el signo progresista de Acuario, así que si su Urano está en este signo, resonará más profundamente con su misma generación. Crea activismo y rebelión y, gracias a Acuario, Urano aporta una energía poco convencional, extravagante e innovadora.

NEPTUNO

Neptuno se asocia con el mundo invisible y con lo que subyace en la superficie. Rige la mente subconsciente y los aspectos invisibles de quienes somos, así como el idealismo, los sueños y la magia.

Neptuno es el octavo planeta de nuestro sistema solar y tarda unos 165 años en orbitar alrededor del Sol, pasando unos 14 años, aproximadamente, en cada signo del zodiaco. Es otro de los planetas transpersonales, así que sus efectos son generacionales más que personales. Neptuno es un puente hacia todo lo místico y extrasensorial; nos pide trascender los límites que nuestro ego ha creado para conectar con lo que está más allá, oculto a la vista. Nos recuerda que todo el mundo y todas las cosas del universo están vinculadas.

Neptuno es el planeta de la espiritualidad y nos anima a encontrarla y a usar nuestra propia espiritualidad para progresar en la vida y superarnos. Conocer el signo donde se encuentra Neptuno en su carta le ayudará a comprender mejor su tipo de creatividad y las prácticas espirituales que resuenan con su alma. Este planeta abre canales para que conectemos con nuestra intuición en un nivel mucho más profundo, pero exactamente cómo lo hacemos dependerá del signo zodiacal donde se encuentre.

Por otro lado, Neptuno puede provocar delirios, falsas ilusiones y pensamientos abstractos que podrían nublar la percepción de la realidad. No ayuda el hecho de que sea el regente de Piscis, que intensifica cualquier versión onírica alternativa que tengamos de la realidad; puede conducir también a una forma de escapismo, hasta el punto en que nos guste más nuestra versión de la realidad que lo que está realmente sucediendo. Por su regencia del signo de Piscis, Neptuno nos hace emocionalmente sensibles.

SÍMBOLO
El tridente del dios griego
Poseidón

RIGE EL SIGNO DE
Piscis

COLORES
Azul, violeta

NEPTUNO

PALABRAS CLAVE
Unificación, imaginación, inspiración,
sensibilidad, creatividad, escapismo,
lo ilusorio, idealismo, amor romántico,
engaño, iluminación

CRISTALES
Amatista, calcita, jade,
coral rojo, turquesa

HIERBAS, PLANTAS
Y RESINAS
Amapola de California, helecho
(atención: tóxico), jazmín, loto,
alga marina.

CARTA DEL TAROT
El Colgado

PLUTÓN

Nombrado por el dios romano del infra-mundo, Plutón se asocia con las partes más profundas y más oscuras de nosotros mismos y con nuestro impulso a afrontarlas para crecer y evolucionar.

Plutón es el planeta más exterior de nuestro sistema solar —de hecho, la nueva clasificación astronómica lo considera un planeta enano— y por tanto el más alejado del Sol. La órbita de Plutón alrededor del Sol es de 248 años, pero debido a su inusual órbita ovalada puede pasar entre 12 y 31 años en cada signo del zodiaco. Su rotación es en dirección inversa a la mayoría de los planetas. Por ser el co-regente del signo de Escorpio, Plutón se asocia con lo oculto, el espiritismo y las cosas invisibles y desconocidas. Plutón es intenso y poderoso; representa la transformación y la regeneración, pero el camino para alcanzarlas no es fácil. Primero hay que pasar por la muerte del ego, antes de poder rena-cer de las cenizas, transformado con la ayuda de la energía plutoniana.

Debido a su órbita tan prolongada alrede-dor del Sol, Plutón no nos afecta de modo indivi-dual sino generacional. Plutón es tanto creador como destructor, rige el nacimiento, la muerte y el renacimiento. En astrología evolutiva, Plutón le dará información sobre sus vidas pasadas (si esta es su creencia) porque representa el viaje del alma y sus intenciones y propósitos para la vida actual; el modo en que esto se mani-fiesta dependerá del signo en que se encuentre Plutón en su carta natal. El signo le revelará también cualquier adicción, vicio o comporta-miento que le causen dolor, para que identifique las cosas que debe sacrificar para poder crecer y desarrollarse en un nivel personal mucho más profundo.

SÍMBOLO
El círculo simboliza el espíritu,
el semicírculo la receptividad
y la cruz la materia.

RIGE EL SIGNO DE
Escorpio

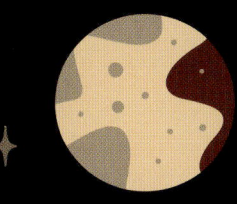

PLUTÓN

COLORES
Rojo oscuro, negro,
violeta

PALABRAS CLAVE
Transformación, muerte, renacimiento,
renovación, regeneración, cambio,
secretismo, lo oculto, transmutación,
tabú, la mente inconsciente

CRISTALES
Obsidiana negra, kunzita,
cuarzo ahumado, espinela,
cuarzo turmalinado

HIERBAS, PLANTAS
Y RESINAS
Damiana, higuera, ginseng,
hojas de frambuesa, trilio

CARTA DEL TAROT
El Juicio

Nodos LUNARES

Los nodos de la Luna no son cuerpos físicos como los planetas y las estrellas, sino puntos matemáticos en el firmamento donde la Luna cruza la eclíptica.

Cada mes la Luna cruza dos veces la órbita de la Tierra alrededor del Sol, creando el nodo norte y el nodo sur. Cuando la Luna cruza la trayectoria del Sol al desplazarse hacia el hemisferio norte, crea el nodo norte, llamado también cabeza de dragón. El punto en que la Luna interseca la eclíptica al avanzar hacia el hemisferio sur es el nodo sur, o cola de dragón. Juntos, se conocen como los nodos del destino por lo que revelan sobre su pasado y su futuro.

NODO NORTE

Símbolo
La cabeza del dragón

Palabras clave
Destino, propósito de la vida, crecimiento, evolución, realizar el propósito del alma.

El nodo norte en su carta natal representa el propósito del alma y las cosas que debe experimentar y aprender en esta vida para crecer y profundizar en su espiritualidad. Es el punto del destino que sigue durante toda la vida mientras trabaja para manifestar el propósito de su actual encarnación; pero el camino a seguir presentará desafíos. Le pide salirse de su zona de confort mientras avanza. Es un camino hacia territorio desconocido que solo usted puede emprender, y que puede parecer intimidatorio. Saber en qué signo se encuentra el nodo norte le ayudará a comprender su trayectoria y lo que necesita hacer para animarse a crecer.

Símbolo
La cola del dragón

Palabras clave
El pasado, lo familiar, la zona de confort, habilidades naturales, karma, estancamiento.

El nodo sur representa el pasado y el punto donde se inicia su viaje kármico. Simboliza el comportamiento y los patrones de pensamiento instintivos, algunos de los cuales se captan y se absorben en la infancia. El nodo sur se puede describir como su zona de confort y el lugar donde se encuentran sus habilidades naturales, pero a menudo es el comportamiento y las actitudes familiares las que obstaculizan el crecimiento y el desarrollo del alma. Saber el signo en que se encuentra el nodo sur le ayudará a comprender las lecciones aprendidas en la vida, los retos que ya ha superado, y cómo aplicarlos a su vida en el presente. Si cree en la reencarnación, el nodo sur le revelará las lecciones ya aprendidas en vidas pasadas.

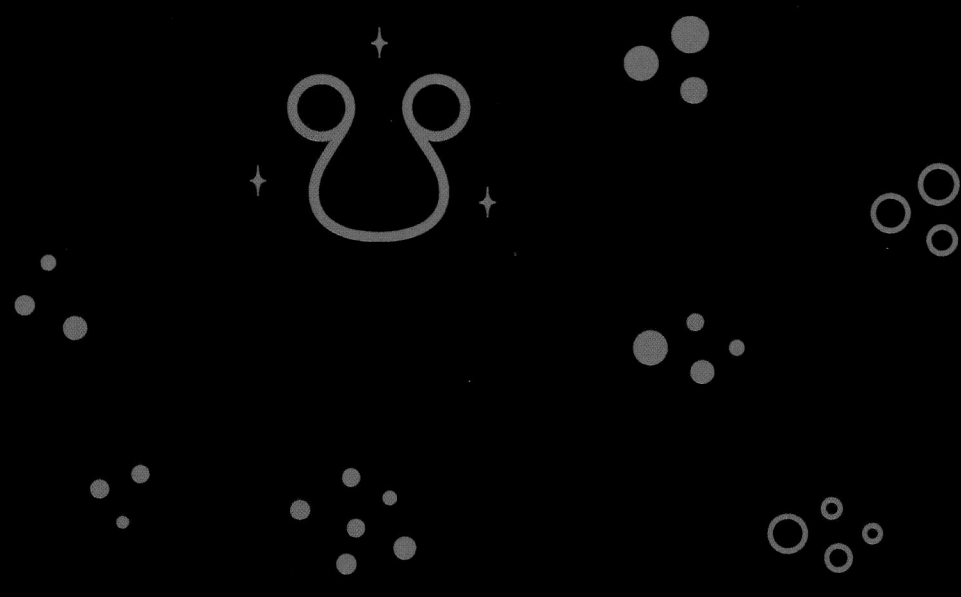

SÍMBOLO
El sanador herido

RIGE EL SIGNO DE
Virgo

QUIRÓN

PALABRAS CLAVE
Herida, sufrimiento, autosanación,
inadecuación, sanación espiritual,
el inconformista

CRISTALES
Caroíta, cuarzo ahumado

**HIERBAS, PLANTAS
Y RESINAS**
Triosteum, nuez moscada,
azafrán

ELEMENTO
Tierra

QUIRÓN

Quirón es oficialmente un cometa y un asteroide a la vez y se situa entre las órbitas de Saturno y Urano. Se descubrió recientemente, en el año 1977, de manera que su estudio en astrología, así cómo sus posibles afectaciones, son aún bastante desconocidos. Nombrado por un centauro de la mitología griega, Quirón es conocido por su apelativo «el sanador herido».

Quirón representa nuestras heridas más profundas y dolorosas, pero también nuestra capacidad de sanarlas. El lugar que ocupa en la carta natal es donde puede explorar y entender las heridas con las que carga. Trae consigo energía kármica que corresponde a las heridas procedentes de nuestras vidas pasadas y que debemos afrontar y sanar la vida actual. Llevaremos este peso encima hasta no haber sanado estas heridas kármicas. Esto no es fácil; Quirón quiere que afrontemos los temas pendientes antes de poder iniciar el proceso curativo de comprender la naturaleza de nuestras heridas enterradas. Esto requerirá trabajo, dedicación y paciencia, porque el viaje dura toda la vida.

La energía sanadora de Quirón es poderosa y la casa y el signo del zodiaco donde se halle en su carta natal le darán información sobre las esferas de la vida que precisa sanar, pero también el punto donde reside la capacidad de sanarse a sí mismo.

Es muy común descubrir que inconscientemente compensamos esta esfera, pero el exceso de compensación no equivale a sanación si antes no nos enfrentamos a nuestros sentimientos de inadecuación. Yo tengo a Quirón en Géminis en la casa tres, lo que significa que tengo problemas para expresar mi verdad y hacerme escuchar. Me resulta difícil comunicar mis sentimientos pero, para sanar esta herida, debo encontrar maneras de expresarme, aunque esto me haga sentir incómoda. Las personas con Quirón en Géminis pueden compensar en exceso o bien hablando demasiado o muy poco.

Si Quirón está en Cáncer, le está diciendo que sus heridas son de naturaleza emocional, pero para empezar a sanar tiene que desarrollar primero la sensación de desapego, alejándose de las emociones que resultan abrumadoras. No será fácil, pero la sanación llegará dirigiendo hacia sí mismo la energía que emplea cuidando de los demás. Si Quirón está en Acuario, las heridas con las que carga tendrán que ver con no encajar o no ser aceptado por la sociedad. La sanación llega cuando aprende a aceptar su auténtico yo, en lugar de intentar cambiar para adaptarse.

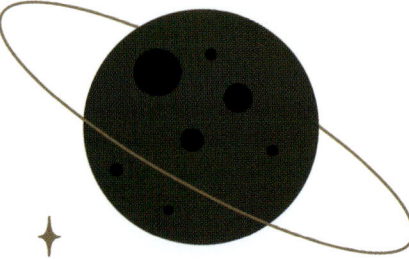

5

LAS CASAS ASTROLÓGICAS

El zodiaco se divide en 12 segmentos llamados casas. Cada casa corresponde a uno de los 12 signos zodiacales y juntos representan las diferentes esferas de nuestra experiencia y existencia humana (*véase* la ilustración de la página anterior). Los rasgos de los signos influyen en la esfera de la vida que representa la casa. Por ejemplo, Cáncer se asocia con la casa cuatro y es un signo que trata sobre el hogar, la familia y la infancia. La casa uno corresponde a Aries, el primer signo del zodiaco, y las casas continúan en sentido antihorario siguiendo el orden de los signos.

En la carta natal, los planetas se distribuyen entre estas 12 casas y signos zodiacales, según su posición en el firmamento a la hora y lugar donde nació. Para interpretar su significado, debemos tener en cuenta el contexto de las casas en que los planetas y los signos se encontraban en ese momento. Las cartas astrales se interpretan combinando el significado de cada planeta con el de la casa y el signo en que se encuentran.

Es normal tener casas vacías en la carta natal. Siempre hay una o varias que no contienen cuerpos celestes, como son los planetas. Las casas vacías nos pueden contar demasiadas cosas sobre nosotros mismos; que estén vacías no significa que no experimentará las esferas de la vida que representan.

Las 12 casas se dividen en tres categorías principales: angulares, sucedentes y cadentes. Las casas angulares (1, 4, 7, 10) tienen gran influencia en la carta porque se asocian con energías que se activan a sí mismas. Las casas sucedentes (2, 5, 8, 11) vienen a continuación de las angulares y se asocian con deseos personales y con el lugar donde nos encontramos seguros. Las casas cadentes (3, 6, 9, 12) no influyen tanto en la carta y, a menudo, representan esferas de la vida donde se da un intercambio o aporte de energía.

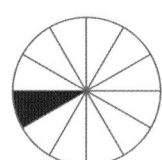 # Casa
UNO
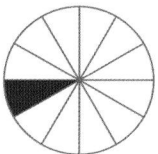

La primera casa, a menudo conocida como la del yo, es donde se forma nuestra identidad y se consolidan los cimientos. Regida por las energías de Aries y del planeta Marte, representa quien es y el tipo de persona en que se convertirá en el futuro según su potencial. Como es la primera casa, también representa los nuevos comienzos, motivo por el cual rige nuestra infancia y el desarrollo temprano de la personalidad.

La actividad en la parte occidental del cielo en el momento de nacer indica cómo vemos el mundo, esencialmente nuestra visión de la vida así como nuestras cualidades y rasgos básicos. Es nuestro comportamiento instintivo y el modo en que decidimos expresar nuestro auténtico yo.

La casa uno rige nuestro aspecto y nuestra fuerza física, pero aún más importante, el modo en que nos presentamos ante los demás. Esto incluye la altura y el color del pelo. Aunque nunca deberíamos fiarnos de las apariencias, sí tendemos a juzgar a las personas por su aspecto, tanto de forma consciente como inconsciente. La casa uno es importante para causar una buena primera impresión. El modo en que las cualidades de la casa se aplican a usted depende del signo y de si tiene planetas en esta casa en su carta natal. La casa uno se abre con el ascendente. Con el signo del Sol y del ascendente ya podemos empezar a entender nuestro carácter en mayor profundidad. Cualquier planeta en la casa uno influirá en su personalidad externa. Comparar la casa uno con la casa seis le dará información sobre su salud en general y sus niveles energéticos.

Si, como yo, usted tiene a Acuario en la casa uno, puede que tenga un carácter que quiera ir a su aire en lugar de seguir a la masa. Yo ciertamente me identifico con la necesidad acuariana de independencia, ¡y con la vena excéntrica y rebelde del signo! Si tiene la Luna en la casa uno, le resultará difícil ocultar sus emociones. En consecuencia, estará siempre en guardia porque sentirá que las emociones le hacen vulnerable a ser herido. Con Júpiter —el planeta de la expansión— en esta casa, seguramente tendrá un carácter abierto, confiado y extravertido, mientras que Plutón apunta a un carácter serio e intenso.

CASA 1 UNO

ELEMENTO
Fuego

SIGNO ZODIACAL
Aries

PLANETA REGENTE
Marte

TIPO DE CASA
Angular

PALABRAS CLAVE
El yo, la imagen de sí mismo, aspecto físico, individualidad, carácter, nuevos comienzos, instinto, autenticidad, personalidad

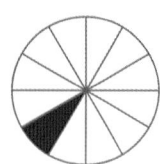

Casa
DOS

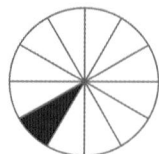

La casa dos se asocia con el mundo material. A menudo llamada la casa del valor, representa nuestras posesiones y la situación económica. Gracias al elemento tierra de Tauro, esta casa ayuda a concentrar las energías en las propiedades personales y los recursos materiales.

Se la considera una de las casas dedicadas al trabajo y la profesión, junto con la seis y la diez. Examine estas casas si precisa orientación profesional, porque le indicarán la dirección adecuada. Gracias a Venus, el planeta regente, la casa dos representa también nuestros anhelos sobre ganancias materiales así como nuestro sentido del valor interior. Refleja nuestra actitud hacia el concepto de propiedad porque revela la conexión que podríamos tener con nuestra propia autoestima y posesiones materiales. Muestra también cómo podríamos usar los recursos materiales para progresar en distintas esferas de la vida.

La casa dos es también el lugar donde obtenemos nuestro sentido de seguridad y estabilidad. Algunos la encuentran en posesiones materiales, como su hogar, y otros en su interior. Los signos y elementos de los cuerpos celestes de esta casa nos indican lo que realmente necesitamos para sentirnos seguros en el mundo, y cómo lograrlo. Si tiene muchos planetas en esta casa, puede indicar que a menudo tiene problemas con el dinero y la autoestima. Si el Sol está en la casa dos, su sentido de la estabilidad proviene de la riqueza material y tenderá a saber manejar el dinero. ¡Mi segunda casa está llena! Tengo una conjunción de Sol, Venus y Mercurio en Aries. Esta combinación otorga una energía creativa que se puede manifestar a través del arte, la música, la conversación creativa y la escritura. Me apasiona (gracias, Venus) compartir mis conocimientos sobre brujería, astrología y tarot, en especial con aquellos que se embarcan en su estudios y viajes espirituales. En mi caso, esto se manifiesta a través de mis palabras, ya sea en mis libros o en las redes sociales.

Si tiene el signo de Virgo en la casa dos, tenderá a encontrar la autoestima en su relación con los demás. Júpiter en esta casa es beneficioso para temas monetarios porque es el planeta de la expansión, la buena fortuna y la abundancia. En cambio, Urano es probablemente el peor planeta para esta casa, porque trae cambios inesperados y disrupciones en la situación económica. Para entender más, debe tener en cuenta también cualquier otro planeta y signo que pudiera haber en la casa dos.

CASA 2 DOS

ELEMENTO
Tierra

SIGNO ZODIACAL
Tauro

PLANETA REGENTE
Venus

TIPO DE CASA
Sucedente

PALABRAS CLAVE
Posesiones materiales, autoestima, autoexpresión, riqueza, seguridad, estabilidad, recursos, valores

CASA 3 TRES

ELEMENTO
Aire

SIGNO ZODIACAL
Géminis

PLANETA REGENTE
Mercurio

TIPO DE CASA
Cadente

PALABRAS CLAVE
Comunicación, habla, hermanos, aprendizaje, mentalidad, viajes cortos,
nuestro entorno más cercano, vecinos, educación temprana

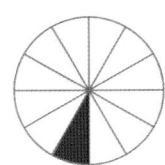

Casa
TRES

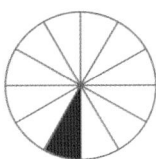

La casa tres se conoce como la de la comunicación porque gracias a su planeta regente, Mercurio, este es su foco principal y clave. La comunicación es la base de toda relación sana y la casa se centra en la comunicación entre nosotros y las personas más cercanas, como la familia, sobre todo con nuestros hermanos y hermanas así como nuestros vecinos.

Esta comunicación puede ser verbal o escrita, haciendo de la casa tres el momento en que primero empezamos a expresarnos, como por ejemplo en la educación temprana, cuando aprendemos las formas de comunicarnos con las personas que nos rodean.

Además de todo ello, gracias al signo regente de Géminis, la casa tres representa la mente y la inteligencia. Es lo que nos impulsa a aprender y rige el modo en que procesamos la información y analizamos los problemas. Todo esto ayuda a desarrollar nuestras habilidades de comunicación desde una edad temprana. La casa tres trata también de cómo aprovechamos nuestra inteligencia y la usamos de manera práctica para ayudar a las personas del entorno. Se asocia asimismo con los viajes cortos.

La influencia de esta casa depende de qué planetas contenga en la carta natal. La casa donde se encuentre Mercurio (el planeta de la comunicación), más los planetas que estén en la casa tres, nos indicarán cuál es nuestro estilo de comunicación. Dos o más planetas en la casa tres puede indicar que le gusta observar y esperar antes de comunicarse, recogiendo información de las personas del entorno antes de hablar.

En mi tercera casa yo tengo al nodo norte en Géminis. El nodo norte simboliza el propósito de esta vida, y al estar en Géminis indica que estoy aprendiendo a ir más despacio y a moverme a mi propio ritmo. Paso a paso, aprendo a satisfacer mis propias necesidades estableciendo límites y adquiriendo conciencia de mis experiencias vitales. Debo apartar el materialismo de Géminis para equilibrarlo con mi crecimiento espiritual. Si tiene Libra en su casa tres, significa que piensa y habla demasiado sobre los demás. Pero también sabe escuchar sin juzgar y tiene la capacidad de ver las múltiples facetas de una situación. El reto de Libra en esta casa es incorporar la propia voz y opinión y equilibrarla en su comunicación con los demás.

Casa
CUATRO

La casa cuatro se centra en el hogar, la familia y nuestros antepasados. Representa el lugar donde nos sentimos cómodos para echar raíces y crear un santuario. Hacemos de nuestro hogar un lugar seguro en todos los niveles (físico, mental y emocional) para nosotros y nuestra familia. Es un lugar donde nos sentimos arraigados, así que cuando llegamos a casa, es una bienvenida mental y emocional además de física.

La casa cuatro incluye la relación que mantenemos con nuestros padres y con la familia, pero en especial con nuestra madre. Esto se debe a que la casa cuatro está regida por la Luna, asociada con la energía femenina —yin— y nutricia. Esta luminaria, junto con el signo de Cáncer, hacen de esta casa el núcleo emocional; es allí donde se forma nuestra resistencia emocional, donde nos sentimos seguros, pero esto depende del entorno familiar en que nos criaron y de cómo se gestó nuestro sentido de seguridad en la primera infancia.

Si tiene planetas extravertidos en esta casa, como Marte y Júpiter, puede que busque la satisfacción más allá del hogar, pero otros como la Luna y Saturno, más introvertidos, encontrarán su seguridad en el hogar. Venus en la casa cuatro sugiere que le gusta pasar tiempo en casa, y que para usted es importante llenar su hogar con cosas bonitas.

Júpiter en la casa cuatro puede representar también una familia numerosa y un ambiente bullicioso pero feliz. El elemento fuego de Aries en esta parte de su carta natal apunta a una falta de paciencia con el entorno familiar, en especial con los niños. Esto podría deberse a que carga con un montón de agresividad que pasa a su relación familiar y al espacio del hogar. Yo tengo la Luna en el signo de Géminis en la casa cuatro, lo que significa que mi familia y mi hogar son cruciales para mí. Mis antepasados, mis raíces y mi legado son muy importantes para mí y siento una conexión realmente especial con el lugar donde nací y crecí.

CASA 4 CUATRO

ELEMENTO
Agua

SIGNO ZODIACAL
Cáncer

PLANETA REGENTE
Luna

TIPO DE CASA
Angular

PALABRAS CLAVE
Familia, hogar, padres, entorno, seguridad,
nuestras raíces, infancia, nuestra educación

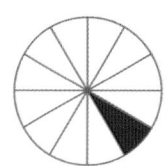 *Casa* CINCO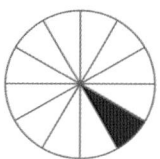

La casa cinco, regida por el Sol y correspondiente al signo de Leo, se asocia con la creatividad y el placer. Representa el impulso de crear y el modo en que estas energías creativas toman forma en nuestra vida. Podría ser a través del arte, las ideas, la música o la procreación de hijos. En este contexto, los niños se consideran una extensión de nosotros mismos y de nuestras energías creativas.

Esta casa muestra lo que le gusta hacer para divertirse, aquello que le da placer y el tipo de creatividad que alimenta su alma y le sustenta. Básicamente trata de la autoexpresión y de cómo la practicamos. Una mayor comprensión de la casa cinco revelará que el tema de los hijos tiene que ver también con la conexión con nuestro niño interior y las cosas que nos producen alegría y felicidad como si fuéramos niños. Se trata de vivir el momento presente con plenitud, dejándose llevar por la corriente y disfrutar del aquí y ahora. Por ello la casa cinco se asocia también con los asuntos amorosos y lo romántico, porque ambos dan placer emocional.

Las personas con planetas en la casa cinco en su carta natal suelen ser muy creativas. Sienten la necesidad de expresarse a través de su propio estilo creativo para obtener una profunda sensación de placer y satisfacción, no solo como pasatiempo. Esto no significa que las personas con pocos planetas en la casa cinco no sean creativas, sino que les puede resultar más difícil dejar fluir las energías creativas de su interior.

Si tiene el Sol en la casa cinco, descubrirá que se expresa sin problemas y con toda confianza. En cambio, si Saturno está en esta casa, su falta de confianza dificultará su expresión con las personas de su entorno. Yo tengo el signo de Géminis en la casa cinco, lo que significa que me gusta expresarme escribiendo, no solo como forma de comunicación y para compartir mis ideas, sino para expresar mi creatividad. Si tiene al esforzado signo de Capricornio en la casa cinco, le será difícil relajarse. En lugar de considerar el tiempo de ocio como un momento de distensión y diversión, podría verlo como una oportunidad para seguir trabajando y completar su tarea.

5

CASA CINCO

ELEMENTO
Fuego

SIGNO ZODIACAL
Leo

PLANETA REGENTE
Sol

TIPO DE CASA
Sucedente

PALABRAS CLAVE
Creatividad, autoexpresión, placer, diversión, asuntos amorosos, sexo, niños, juegos de azar, correr riesgos

6

CASA SEIS

ELEMENTO
Tierra

SIGNO ZODIACAL
Virgo

PLANETA REGENTE
Mercurio

TIPO DE CASA
Cadente

PALABRAS CLAVE
Salud, dieta, tareas, rutina diaria, eficacia, altruismo,
productividad, trabajo en equipo, animales, mascotas

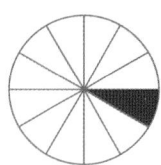

Casa
SEIS

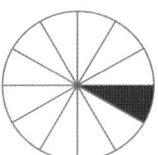

La casa seis se asocia con nuestras rutinas cotidianas, lo mundano y el modo en que nos organizamos diariamente. A menudo se la denomina la casa del trabajo. Revela lo que le motiva a trabajar, pero también cómo lo hace, los métodos que emplea para hacer las cosas.

Gracias al signo de Virgo, esta casa se asocia con la eficacia en el trabjao, en lo productivos que somos y lo altruistas que podemos llegar a ser. Mercurio es su planeta regente, por lo que la casa se asocia también con lo adaptables que somos en el trabajo y nuestro tipo de pensamiento racional. La casa seis es, asimismo, la de la salud y rige la dieta, el ejercicio, el sueño e incluso lo limpios que somos, es decir, cosas que son importantes para el bienestar. Refleja nuestra vida cotidiana, el estado de salud de una forma más holística, y cómo nos cuidamos. Representa nuestros niveles de resistencia y el estado del cuerpo según se define en la casa uno, la del yo.

Examinando la casa seis se nos revelarán nuestros puntos fuertes y débiles físicos y como nuestra salud interior se refleja en el bienestar exterior, esencialmente conectado a la relación que mantenemos con nuestro propio cuerpo. Los que tienen muchos planetas en la seis suelen ser grandes trabajadores, hasta el punto de ser adictos al trabajo. Nunca saben cuando parar, aunque estén agotados. Los planetas y signos le dirán cómo trabaja con los demás, si prefiere hacerlo en solitario o como parte de un equipo. Con una casa seis llena puede sentir la necesidad de poner orden en su vida para sentirse estable. Colaborar con los planetas y signos de esta casa contribuirá a que su trabajo le dé vida en lugar de agotarle.

Con Mercurio en la casa seis la persona es meticulosa y ambiciosa. Tiene sed de conocimientos, presta una atención increíble al detalle y tiende a trabajar demasiado. Si, como yo, usted tiene al signo de Cáncer en esta casa, puede tender a apegarse emocionalmente al trabajo. Le gusta la rutina laboral porque le aporta sensación de estabilidad, pero puede que no gestione bien el estrés, sobre todo en un entorno relacionado con el trabajo. Si tiene allí al laborioso Saturno, probablemente será un adicto al trabajo con una naturaleza fiable y pragmática.

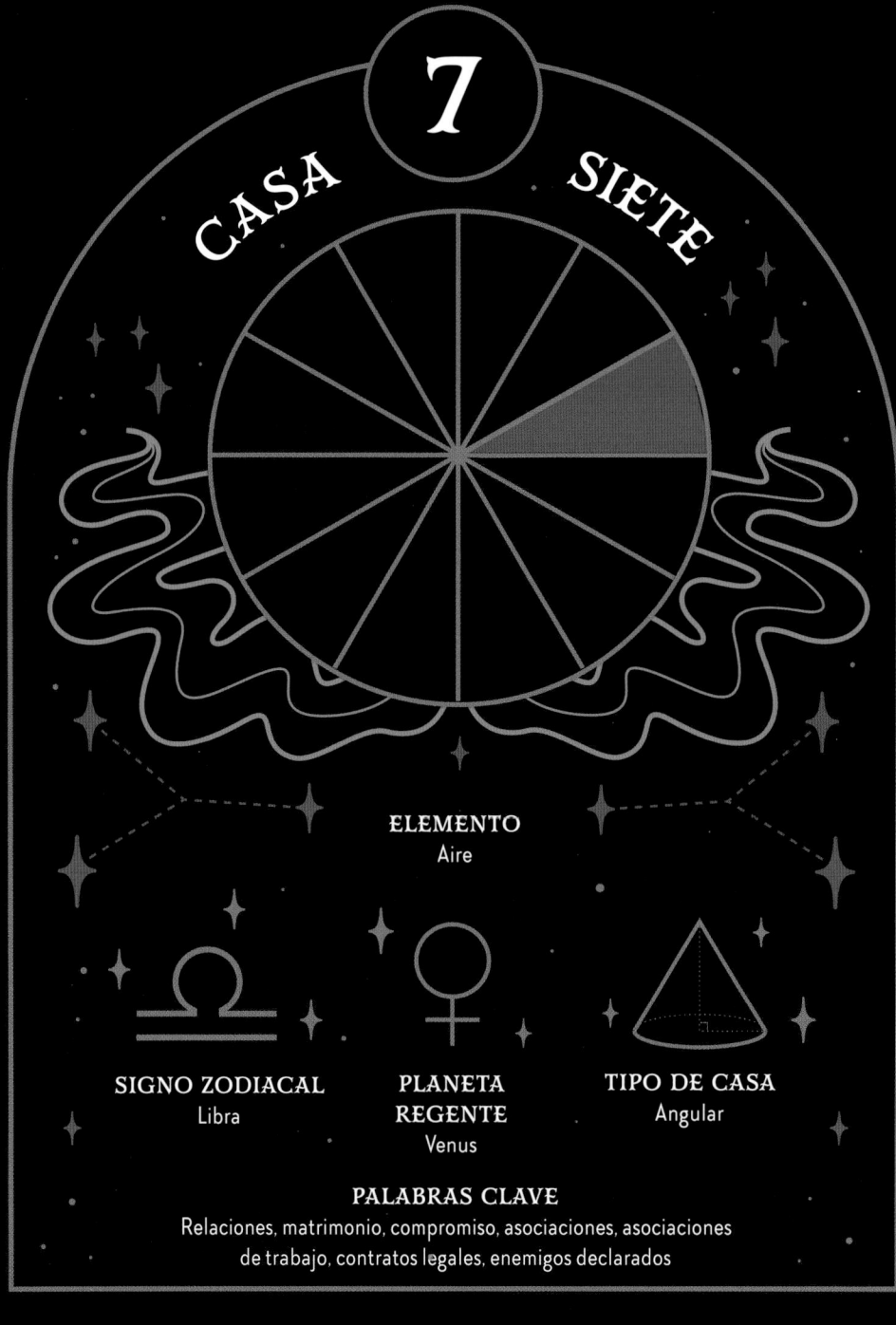

CASA 7 SIETE

ELEMENTO
Aire

SIGNO ZODIACAL
Libra

PLANETA REGENTE
Venus

TIPO DE CASA
Angular

PALABRAS CLAVE
Relaciones, matrimonio, compromiso, asociaciones, asociaciones
de trabajo, contratos legales, enemigos declarados

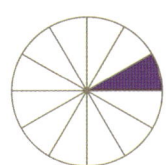 # *Casa* SIETE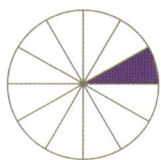

La casa siete se conoce también como la del descendente, y es la opuesta a la casa uno, donde se encuentra el ascendente. Señala un cambio de enfoque con relación a las seis casas anteriores. Las primeras seis casas astrológicas se denominan casas personales porque tocan temas referentes a la persona y a la vida cotidiana. Las seis últimas casas se llaman interpersonales porque rigen las experiencias que tenemos con los demás en el mundo exterior.

Con Venus como regente, la casa siete es la del matrimonio y de las asociaciones. Representa las relaciones que tenemos con los demás (principalmente las románticas, pero también las platónicas). Correspondiente al signo de Libra, la casa siete representa el modo en que conectamos y nos relacionamos con las personas que conocemos. La interacción que mantenemos con los demás es un reflejo de quienes somos, y es en esta casa donde consolidamos nuestro sentido del yo.

Saturno en la siete puede significar que no se lanza de cabeza a una relación, sino que avanza con cautela; si le añadimos Acuario, podría ser que tuviera problemas con el compromiso. La casa siete revela lo que buscamos en el compañero y lo que nos atrae, tanto consciente como inconscientemente. Pero esta carta no trata solo de relaciones positivas, ya que también es la de los enemigos declarados. Toda relación influye en nuestra vida, pero algunas tienen efectos negativos. Esto se puede deber a que proyectamos nuestros temores o necesidades en otros, o que estos nos molestan porque poseen cualidades que codiciamos y no tenemos. La casa siete se asocia también con los socios de trabajo y los contratos legales.

Si tiene al práctico Virgo en su casa siete, podría buscar un compañero, o estar en pareja, con alguien anclado firmemente en la realidad. Al ser un signo de tierra, Virgo trata sobre la comunicación y el intercambio de ideas y pensamientos. En sus relaciones desea una conversación estimulante que le active la mente. Si tiene la Luna en la casa siete, puede entablar relaciones con personas que le ofrecen una estabilidad emocional, aunque esto no se hace en un nivel consciente.

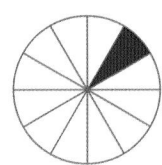 # Casa OCHO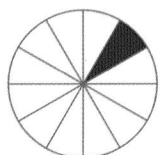

La casa ocho probablemente es la más compleja y la más difícil de entender porque representa temas profundos y, a menudo, tabú, como la muerte, el sexo, las enseñanzas y el conocimiento oculto. Se asocia con las cosas ocultas y privadas, y a veces estas son invisibles incluso para nosotros mismos. Entender la casa ocho en profundidad es llegar a aceptar que todo principio tiene un fin, pero que después de ese fin viene el renacimiento.

Con Plutón como planeta regente, aprendemos mucho sobre la vida, así como sobre nosotros mismos, a través del ciclo de nacimiento, muerte y renacimiento, aunque el proceso constituya un desafío emocional. Aquí es donde esta casa representa la transformación, puesto que es experimentando este ciclo que se puede dar el cambio real y una mayor conciencia. Puesto que la casa ocho tiene que ver con la muerte, se asocia con las herencias y con todo lo que nos legan nuestros seres queridos.

Como casa interpersonal, trata esencialmente de nuestra relación con los demás, aunque a un nivel mucho más profundo comparado con las relaciones de la casa siete. Tiene que ver con el lado turbulento, hermoso, doloroso y complejo de estar enamorado en una relación. Va más allá de simplemente compartir recursos cuando empezamos a hacernos uno con el otro. Por eso, la casa ocho es la del sexo, porque, junto con la influencia de Escorpio, juntarse como pareja no solo ocurre en términos prácticos y físicos, sino también de manera íntima durante la relación sexual.

Tener a Tauro en la ocho significa que se resiste al cambio y que es tradicional en el sexo y la intimidad; también es un compañero leal. Las personas con Sagitario en la casa ocho se aventuran más en temas íntimos. Marte en la casa ocho puede indicar una persona de fuerte e intensa naturaleza sexual. Saturno apunta a que la persona le teme a la muerte y, como le resulta difícil soltar las cosas, se resiste a la transformación que trae el ciclo de nacimiento, muerte y renacimiento.

Las personas con más de uno o dos planetas en su casa ocho suelen tener un carácter fuerte. Son más propensas a la introversión, serias y reservadas, a menos que hablen de algo que les interese apasionadamente.

8

CASA OCHO

ELEMENTO
Agua

SIGNO ZODIACAL
Escorpio

PLANETA REGENTE
Plutón

TIPO DE CASA
Sucedente

PALABRAS CLAVE
Sexo, muerte, renacimiento, transformación, intensidad, lo oculto, tabúes, angustia mental, herencias, deudas, recursos compartidos, el dinero de los demás

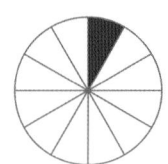 # Casa
NUEVE
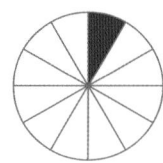

La casa nueve se suele denominar la de la filosofía y la educación. Rige la forma en que adquirimos conocimiento e información, cómo los procesamos y cómo los usamos para ir consolidando nuestra filosofía de vida.

Es aquí donde se empieza a buscar el sentido de la vida y, en definitiva, comienza el desarrollo personal. Gracias a la energía expansiva de Júpiter, su planeta regente, la casa se asocia con la educación superior como escribir y estudiar una carrera universitaria, y expandir la mente como resultado de ello. Aprender a un nivel superior le permite especializarse en el ámbito que le interesa y a explorarlo en profundidad, lo que fomenta un pensamiento y una indagación independiente. Ofrece un espacio donde formar nuestras propias ideas, opiniones y creencias a medida que descubrimos el mundo que nos rodea. Es aquí también donde elaboramos nuestra moral y nuestra ética. La educación amplía la mente y abre nuestro mundo a otras posibilidades enriquecedoras de aprender y crecer.

La casa nueve trata sobre expandir nuestro mundo interior y exterior y esto incluye abrirnos a los aspectos espirituales y religiosos de la vida. Nuestra espiritualidad influye en nuestra forma de ver el mundo, en aquello en que creemos y en nuestra manera de pensar. La casa trata sobre viajar a diferentes países y experimentar culturas diferentes que, como la educación superior, nos enseñan sobre el mundo y también acerca de nosotros mismos.

La casa nueve representa nuestra cosmovisión y actitudes y, gracias a su regente Sagitario, muestra cómo el libre pensamiento prepara la mente para que esta se expanda. Si tiene planetas en la nueve, indica no únicamente el deseo de aprender, sino también el de enseñar a otros. Puede revelar qué camino religioso o espiritual emprendemos en la vida y cómo este la conforma, así como una afición por los viajes y por visitar lugares lejanos.

Si, como yo, usted tiene a Escorpio en la casa nueve, le pueden atraer los estudios superiores y la investigación de otros sistemas de creencias; querrá conocer todos los misterios de la vida. Acuario tiende a dar creencias poco convencionales y, como signo de agua, Piscis usa su fuerte intuición para explorar y descubrir el mundo que le rodea. La presencia de Plutón en esta casa significa que desea estudiar pero que a menudo se exige demasiado en aras de la perfección intelectual.

9

CASA NUEVE

ELEMENTO
Fuego

SIGNO ZODIACAL
Sagitario

PLANETA REGENTE
Júpiter

TIPO DE CASA
Cadente

PALABRAS CLAVE
Estudios superiores, educación, expansión, viajes, filosofía, espiritualidad, religión, misticismo, moral, ética, viajes a larga distancia

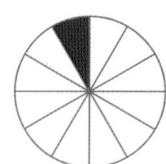 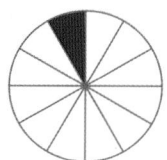

Casa
DIEZ

La casa diez, la del medio cielo, nos muestra qué tipo de profesión puede desempeñar y la dirección que lleva su vida. Es el punto más elevado de la carta y representa la trayectoria de su vida. Desde este lugar estratégico todo es visible, sobre todo el estatus social, la reputación, cómo otros le ven y qué papel asume en la comunidad.

La casa diez rige nuestra motivación y la ambición que nos lleva a esforzarnos para lograr el éxito. Representa todo lo que influye sobre su imagen pública. La casa va mucho más allá de sus aspiraciones laborales; conecta con nuestra vocación, allí nos sentimos profundamente atraídos hacia un trabajo o profesión determinados. Si prestamos atención a esta casa veremos las cualidades que poseemos y que, con tiempo y esfuerzo, se irán desarrollando y nos ayudarán a cumplir nuestra vocación. Nos ayuda a entender a qué nos llama la vida y cómo llegar allí. Capricornio es el signo de tierra que corresponde a la casa, subrayando la necesidad de trabajar duro para alcanzar las metas. Si no sabe qué profesión es la adecuada para usted o si aún anda buscando su vocación, examinar los planetas y signos de la casa diez le dará algunas pistas.

El planeta regente, Saturno, aporta un sentido de la autoridad, por lo que la casa diez representa a las personas en posiciones de poder. Esto incluye a sus padres, porque fueron las primeras personas de su vida en decirle qué hacer y cómo comportarse. Las personas con planetas en la diez tienden a estar muy centradas en su carrera y vocación. Saben exactamente dónde quieren estar y quiénes quieren ser, y trabajan duro para conseguirlo. También podría ser una figura conocida en su comunidad.

El Sol en la casa diez indica un carácter ambicioso, especialmente en el ámbito profesional. Confía en lo que hace, a veces incluso presume de ello, pero posee la energía necesaria para manifestar las cosas gracias a su carácter fuerte y dominante. Si el signo de Aries está en la casa diez, tiene un auténtico deseo de centrarse en sus objetivos profesionales, pero si es Escorpio, podría obsesionarse a la hora de alcanzar sus metas debido a su naturaleza altamente motivada.

CASA 10 DIEZ

ELEMENTO
Tierra

SIGNO ZODIACAL
Capricornio

PLANETA REGENTE
Saturno

TIPO DE CASA
Angular

PALABRAS CLAVE
Ambiciones, aspiraciones, imagen pública, carrera, estatus social, vocación, entorno exterior, autoridad, reconocimiento, responsabilidades

11

CASA ONCE

ELEMENTO
Aire

SIGNO ZODIACAL
Acuario

PLANETA REGENTE
Urano

TIPO DE CASA
Sucedente

PALABRAS CLAVE
Grupos sociales, amigos, actividades grupales, sociedad, activismo, organizaciones, afiliaciones, esperanzas, deseos, sentido de pertenencia

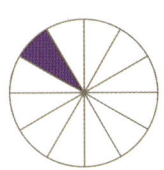 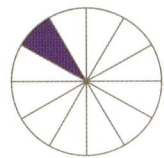

Casa ONCE

La casa once representa el modo en que interactuamos con otras personas, en especial con los amigos, los grupos de amistades, en actividades grupales y en otras estructuras colectivas organizadas de la sociedad. Esta casa rige las cosas que tenemos en común con otros.

Correspondiente a Acuario, la casa once representa las agrupaciones de personas en un sentido mucho más amplio, como las basadas en el lugar donde vive, la escuela donde estudió, o el lugar donde nació. Urano, el planeta regente, nos ayuda a trascender nuestra existencia terrenal y a abrir la mente, por lo que las congregaciones religiosas están representadas por esta casa porque reúnen a personas de toda condición sobre la base de creencias y rituales compartidos. La casa once trata esencialmente de la búsqueda de nuestro sentido de pertenencia; nos puede dar una idea de cómo encajamos en los grupos de personas que conocemos.

Esta casa representa nuestras esperanzas y deseos para el futuro. Trata de la energía que proyectamos en el tiempo para que se cumplan las cosas que ahora esperamos. Es el equilibrio que debemos alcanzar al vivir entre el presente y el futuro. El futuro que esperamos empieza con el trabajo que hacemos hoy, así que si pasamos más tiempo viviendo en el pasado, podríamos perjudicar el modo que en proyectamos nuestra conciencia hacia adelante para que se hagan realidad estas esperanzas y deseos.

Los signos y los planetas de su casa once le revelarán con qué grupos sintoniza mejor y con los que se siente cómodo; también indica lo bien que se integra una vez en el grupo. A las personas con poca presencia en su casa once natal les puede resultar más difícil encajar en grupos y organizaciones sociales, en especial los que consisten en un grán numero de personas. Una abundancia de planetas en la casa once indica que encaja fácilmente en grupos e incluso puede desempeñar un papel público en ellos.

Si la Luna se encuentra en esta casa, indica que el sentido de pertenencia es muy importante para usted al relacionarse con sus amistades. Necesita un gran sentido de pertenencia para alcanzar una estabilidad y, a menudo, depende de sus amigos como apoyo emocional. Yo tengo a Sagitario en mi casa once, lo que indica que me acerco a los amigos de mente abierta y que tienen opiniones diferentes a las mías. Acuario en esta casa puede sugerir que dentro de su grupo de amigos, quiere y necesita libertad. Se siente más cómodo con formas de relacionarse más impersonales.

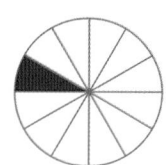 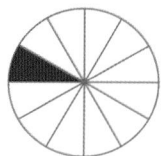

Casa
DOCE

La casa doce es la última del zodiaco y, como tal, representa los finales. Es conocida por ser la casa de los secretos, porque rige cosas sin forma física y que no se ven a simple vista, como los reinos invisibles, los secretos y la mente inconsciente.

Correspondiente a Piscis y regida por el planeta Neptuno, la casa doce simboliza cualquier cosa que nos traslade de nuestras vidas cotidianas y mundanas a otro reino. Esto incluye los sueños, nuestras visiones intuitivas y nuestros instintos; incluso las habilidades psíquicas y los dones espirituales como la clarividencia están regidos por la casa doce. Los ritos y rituales religiosos corresponden a esta casa porque ayudan a centrar nuestra conciencia en el misterio de lo divino mediante las plegarias.

La casa doce rige también nuestra autodestrucción. Todos somos culpables de hacer cosas que inconscientemente socavan quienes somos. Esta es la otra cara de la casa doce; se asocia con el sufrimiento y el dolor que nos causamos a nosotros mismos. Representa también a los enemigos que podamos tener y que nos son desconocidos e invisibles. El karma se encuentra también en la casa doce, igual que nuestras vidas y experiencias pasadas y las lecciones que debemos aprender en esta vida. La casa doce no es fácil; para experimentar por completo sus energías se nos pide rendirnos ante lo que es más grande que nosotros porque está más allá de nuestro control.

Generalmente, a las personas sin planetas en su casa doce natal les cuesta entenderla debido a su naturaleza misteriosa y etérea. Por otro lado, las personas con abundancia de planetas en la doce tienen facilidad para conectar con reinos desconocidos e invisibles, pueden ser intuitivos y mostrar habilidades psíquicas innatas. Las personas con un planeta personal en la doce (Sol, Luna, Mercurio, Venus y Marte), es posible que a menudo se sientan incomprendidas.

Si, como yo, usted tiene a Capricornio en su casa doce, tiene un carácter ambicioso y es muy trabajador; Escorpio en esta casa puede hacer que la persona sea reservada y capaz de ocultar sus verdaderos sentimientos. Júpiter probablemente es uno de los mejores planetas para tener en la casa doce, porque se dice que confiere protección con su energía invisible, además de atraer la buena suerte y la buena fortuna. Como es la casa del karma y de las vidas pasadas, tener allí a Neptuno puede significar que el planeta trae los miedos que le afectaron en vidas anteriores a su vida actual.

12

CASA DOCE

ELEMENTO
Agua

SIGNO ZODIACAL
Piscis

PLANETA REGENTE
Neptuno

TIPO DE CASA
Cadente

PALABRAS CLAVE
Karma, aislamiento, secretos, reinos ocultos, subconsciente, inconsciente, auto sabotaje, sufrimiento, escapismo, intuición, fe, divinidad, finales, vidas pasadas

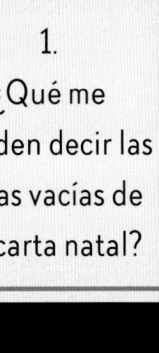

1.
¿Qué me pueden decir las casas vacías de mi carta natal?

2.
¿Cuáles son las lecciones que indican que he aprendido en vidas pasadas?

3.
¿Cómo puedo utilizar estas lecciones en mi vida actual?

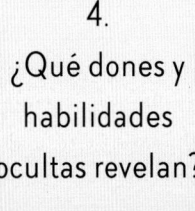

4.
¿Qué dones y habilidades ocultas revelan?

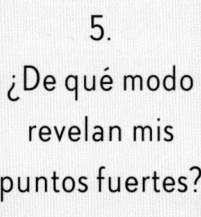

5.
¿De qué modo revelan mis puntos fuertes?

6.
¿Cuál será el foco principal de esta vida según las casas con planetas?

contengan ningún cuerpo celeste, por ejemplo planetas.

Todos tenemos los mismos planetas en algún punto de la carta, pero como hay diez repartidos entre 12 casas astrológicas, quedan al menos dos casas vacías. Los 12 signos astrológicos tampoco están necesariamente distribuidos de manera uniforme entre las 12 casas. Podría pensar que una casa vacía habla de aquellas esferas de la vida que no experimentará, o en las que no participará, pero esto no podría estar más lejos de la realidad.

Una casa vacía no significa que no experimentará o participará en las esferas de la vida que la casa representa; a menudo es solo una señal de que no será un foco importante en esta vida. Por ejemplo, una casa siete vacía no significa que nunca se casará o tendrá una relación seria, sino que el matrimonio no es una de las experiencias vitales que su alma necesita para evolucionar durante esta encarnación.

casa vacía debe tener en cuenta el signo zodiacal que ocupa para obtener más información sobre los temas de la misma que influirán en su vida.

Por todo esto, las casas vacías no deberían descartarse, porque son tan importantes como las que contienen planetas. Pueden destacar las esferas de su vida que encuentra menos desafiantes porque ya habrá evolucionado significativamente en estos temas en el transcurso de sus vidas pasadas. Vistas de este modo, las casas vacías ayudan a revelar dones y habilidades ocultas, así como los puntos fuertes que habrá ido perfeccionando en anteriores encarnaciones. La astrología le lleva por un camino de autodescubrimiento, y las casas vacías de su tema natal forman parte del proceso. Si tiene una o más casas vacías en la carta, la tirada del tarot de la izquierda está hecha para usted. Le ayudará a comprender mejor qué significan las casas vacías de su carta, que puntos fuertes y dones pueden revelar, y cómo los puede utilizar en esta vida.

ANGULAR	SUCEDENTE	CADENTE
1. ¿Cómo influye la energía de estas casas en mi vida?	**1.** ¿Cómo influyen las casas sucedentes en mi vida?	**1.** ¿Cómo influye la energía de las casas cadentes de mi carta natal en mi vida?
2. ¿Cómo puedo conectar con la energía dinámica de estas casas?	**2.** ¿Qué esfera de mi vida precisa estabilidad?	**2.** ¿Cómo afectan estas casas a mi vida interior?
3. ¿Cómo puedo usar esta energía para generar un cambio positivo?	**3.** ¿Cómo puedo traer más estabilidad y coherencia a mi vida?	**3.** ¿Cómo influye la energía cadente sobre mis relaciones?

CASAS ANGULARES,
sucedentes y cadentes

Las 12 casas se dividen en tres categorías principales: angulares, sucedentes y cadentes. Examinemos cada una de ellas en detalle.

Casas angulares

Las casas angulares de una carta astral son la casa uno (la del ascendente), la cuatro (fondo de cielo), la siete (descendente) y la diez (medio cielo). Son las que más influyen sobre una carta natal porque se asocian con energías que se activan a sí mismas y que pueden influir de forma importante en la estructura de su vida. Rigen las esferas relativas a la identidad, relaciones y familia. Las casas angulares corresponden a los signos zodiacales de Aries, Cáncer, Libra y Capricornio, todos ellos signos cardinales. Representan una energía dinámica y orientada hacia la acción, motivo por el cual los planetas situados en estas casas se consideran los más influyentes de la carta: revelan de dónde proceden sus pasiones y qué le empuja a seguir adelante.

Casas sucedentes

Son la casa dos, cinco, ocho y once y están regidas por los signos de Tauro, Leo, Escorpio y Acuario (todos ellos signos fijos). Las casas sucedentes se asocian con la estabilidad y representan recursos materiales; es allí donde puede ver los resultados de lo iniciado en las casas angulares. Las casas sucedentes destacan las esferas de la vida donde precisa estabilidad y coherencia en temas importantes como el amor, la amistad y los hijos. Estas casas poseen una energía constante e inmutable, menos potente que la de las casas angulares. Cualquier planeta situado en estas casas indica aquello que es importante para usted y puede representar sus deseos.

Casas cadentes

Son la casa tres, seis, nueve y doce, regidas por los signos de Géminis, Virgo, Sagitario y Piscis (todos ellos signos mutables). Cualquier planeta o signo en una casa cadente tendrá un impacto menor sobre su vida, pero eso no significa que no tengan energía. Las casas cadentes influyen más sobre su vida interior, la interacción humana y el intercambio de energía, así como en su relación con los hermanos (si los tiene), su sentido del deber y del compromiso; además, revelan información sobre su vocación.

6

LOS ASPECTOS

Al interpretar una carta astral, no solo busca la posición donde se encuentran repartidos los cuerpos celestes entre las 12 casas astrológicas, según la hora y el lugar de nacimiento, sino también cómo se relacionan y se influyen entre sí. Los aspectos astrológicos miden los diferentes ángulos que forman los planetas y las formas geométricas que generan. Los aspectos le ayudan a entender y apreciar las numerosas y complejas maneras en que interactúan los cuerpos celestes de su carta, y el modo en que le afectan.

Su carta natal es una imagen de 360 grados del firmamento observado desde el lugar y en el momento exacto en que nació. Se divide en 12 casas astrológicas, cada una de ellas de 30 grados, como muestra la plantilla de la carta de la página anterior. Esto da a cada planeta de la carta sus propias coordenadas, que se escriben con el número del grado seguido por un segundo número que representa las divisiones del grado, llamadas minutos. Los aspectos comparan un planeta con otro, desde su posición exacta en la casa y el signo zodiacal donde se encuentra. Le ayudan a entender cómo las energías planetarias y zodiacales se manifestarán en su vida. Los cuerpos celestes de su carta no están solos. Algunos poseen energías dominantes que pueden afectar al modo en que los planetas cercanos expresan su energía. Algunos se complementan, y otros se enfrentan. Algunos poseen energías más sutiles, pero, combinados con otro planeta, su energía se magnifica.

Los aspectos se clasifican en dos categorías: mayores y menores. En este capítulo nos concentraremos en cómo ambos tipos pueden ayudarle a interpretar su carta. Estudiaremos también el significado de algunas de las configuraciones formadas por los principales aspectos, y como estas nos pueden ofrecer una comprensión más profunda de la carta astral.

Los aspectos
MAYORES

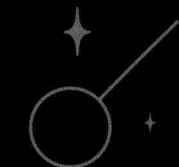

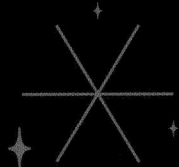

Conjunción

En astrología, una conjunción se forma cuando dos o más cuerpos celestes, al ser observados desde la Tierra, parecen juntarse en el firmamento y aparecen en el mismo lugar en la carta astral. Los planetas en conjunción están muy cerca unos de otros, a veces incuso a 0 grados de distancia y casi siempre en el mismo signo zodiacal. Pero si la distancia es un poco mayor, es posible que los planetas estén en signos diferentes. Este aspecto combina las cualidades de los planetas y crea una intensa y potente energía. Si los planetas son compatibles, existe potencial para el crecimiento, pero si sus energías son incompatibles, podrían ser un punto de fricción en la carta astral. El signo y la casa donde se encuentran le ayudará a entender mejor la conjunción y su posible manifestación.

Sextil

El sextil se forma cuando uno o más planetas o cuerpos celestes se encuentran a 60 grados uno de otro, el equivalente de dos signos zodiacales. Considerado un aspecto positivo, el sextil se da entre planetas que comparten la misma energía masculina o femenina del signo; tierra y agua femenina, yin, y fuego y aire masculina, yang. Estos planetas trabajan bien juntos porque comparten las energías similares de los signos. Su energía estimula e inspira, así que un sextil en la carta indica talentos y habilidades que puede aprovechar, pero hace falta un esfuerzo para acceder a ellos. Para entender mejor la esfera de su vida donde influye el sextil, fíjese en qué casas se da. El sextil no indica que las cosas se le darán sin esfuerzo porque es un aspecto más pasivo que activo, pero aunque su energía no es dinámica, tampoco causa perturbaciones.

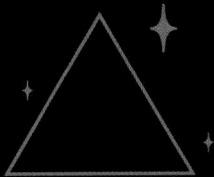

Trígono

El trígono se da cuando dos planetas están a una distancia de 120 grados el uno del otro. Los planetas que forman el aspecto comparten el mismo elemento, por lo que mantienen una buena relación y la energía fluye fácilmente. A veces el trígono crea energías que resultan tan cómodas que casi no se notan. Si vivimos en un entorno que no nos pone a prueba ni nos motiva a crecer, podríamos caer en la pereza y la complacencia. Si tiene un trígono en su carta, observe las casas y los signos donde se encuentra porque estas esferas tendrán un impacto en su vida. El Sol, Mercurio y Venus jamás formarán un trígono porque nunca llegan a estar separados 120 grados.

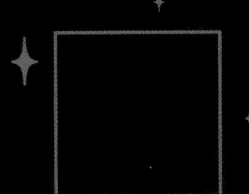

Cuadratura

La cuadratura se forma cuando dos planetas están a una distancia de 90 grados, tres signos zodiacales aparte. A diferencia del sextil y el trígono, este es un aspecto dinámico e intenso que le desafía a centrarse en los temas que los planetas representan. La cuadratura se da entre planetas en signos que comparten la misma polaridad, lo que resulta en un aspecto incómodo y discordante. La cuadratura causa tensión porque los planetas implicados se pueden enfrentar y sacar a la luz lo peor de cada uno de ellos. Se consideran obstáculos o bloqueos en la esfera de la vida representada por el signo y la casa en que se encuentra. Si tiene una cuadratura en su carta natal, le está indicando dónde pueden darse conflictos y desafíos. Asimismo señala los puntos dónde es necesario el equilibrio, y lo que debe hacer para armonizarlos.

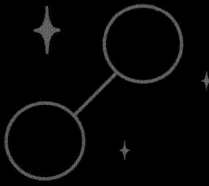

Oposición

La oposición es cuando dos o más planetas se encuentran a 180 grados de distancia, ocupando lugares opuestos en la carta natal. Representa una dualidad porque los temas planteados por cada planeta parecen contradictorios, lo que genera estrés, tensión e indecisión. Si tiene planetas en oposición, le mostrarán las esferas de la vida donde es preciso reconocer y escuchar a ambos bandos. Los planetas descubrirán una forma de cooperar y se comprometerán a encontrar un punto medio, o bien uno predominará sobre el otro. Es frecuente que el aspecto de oposición acabe con la elección de un lado sobre el otro.

Los aspectos
MENORES

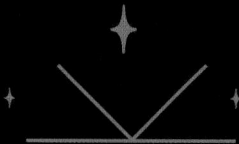
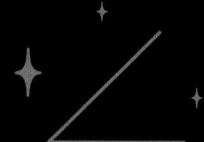

Semisextil

El semisextil es cuando dos planetas se encuentran a 30 grados el uno del otro, un signo zodiacal aparte, la mitad de la distancia de un sextil. Reúne a dos planetas en signos sin nada en común, por lo que el aspecto menor que forman puede resultar incómodo debido a la fricción generada entre los planetas. Es curioso que este planeta no se suele experimentar directamente como los aspectos mayores, sino a través del comportamiento de las personas del entorno. Pero no todo es malo, ya que el semisextil atrae la atención hacia aquellas esferas de la vida donde hay oportunidades esperando a ser aprovechadas; de otro modo, pasarán desapercibidas. Examine las casas y los signos donde se da el semisextil porque le ayudarán a entender el tipo de posibilidades que puede ofrecerle. Es un aspecto menor muy suave, hasta el punto en que puede que no lo note.

Semicuadratura

El aspecto de semicuadratura es cuando dos planetas se encuentran a una distancia de 45 grados. Muestran los puntos donde existen bloqueos y tensión interior, y una necesidad de liberarlos. Si tiene una semicuadratura en la carta, le revelará dónde hay puntos de inflexibilidad y dónde debe abrirse más a otras ideas y formas. Es un aspecto moderadamente difícil que puede generar sentimientos de duda y frustración, pero también servir para el desarrollo personal. Examine la casa y los signos donde se encuentran los planetas que forman este aspecto menor porque le dirán en qué esfera de la vida le afectan y qué puede hacer para eliminar los obstáculos. Es un aspecto similar a la cuadratura, pero de menor intensidad.

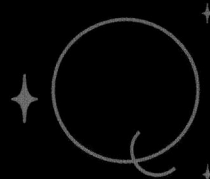

Quintil

El quintil es cuando dos planetas están a una distancia de 72 grados el uno del otro, abarcando una quinta parte de la carta astral. Se llega a este número dividiendo el círculo zodiacal de 360 grados en múltiplos de 5. Representa el talento, la creatividad e incluso el genio en ocasiones, porque se concentra en la energía intensa y altamente especializada que puede generar algo único. ¡Podría descubrirle talentos ocultos! Si tiene un quintil en su carta, ponga los planetas en el contexto de la casa y el signo donde se encuentran y esto le ayudará a ver la esfera de su vida donde se expresa este aspecto menor, y de qué forma.

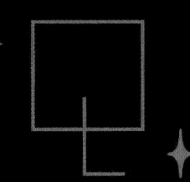

Sesquicuadratura

Es un aspecto desafiante formado por planetas a 135 grados de distancia unos de otros. Es una energía pertinaz, que causa fricción en una esfera de su vida determinada por la casa y el signo donde se halla. Los planetas en este aspecto están en signos de diferente naturaleza, así que la fricción se puede acumular porque ven los temas y los retos desde perspectivas diferentes. Les cuesta entender el punto de vista del otro. La sesquicuadratura es de naturaleza similar a la cuadratura y la semicuadratura, y puede generar un conflicto interno que cause dificultades en el exterior.

Biquintil

El biquintil es un aspecto menor poco frecuente que se forma cuando dos planetas se encuentran a 144 de distancia, cubriendo dos quintos del círculo zodiacal de 360 grados. El biquintil representa talento y creatividad, así como potencial, sobre todo mental. Puede tener un efecto similar al quintil, solo que menos intenso. Le puede descubrir promesas y potenciales hasta ahora no explorados.

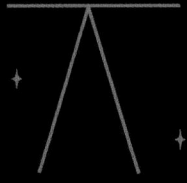

Quincuncio (o inconjunción)

El quincuncio se forma cuando dos planetas se encuentran a 150 de distancia. No tienen nada en común porque se encuentran en diferentes elementos, signos y modalidades. Esto causa tensión, irritación y estrés hasta que se halla la forma de integrar bien todas estas energías. El aspecto trae desafíos, pero también una oportunidad de crecer, destacando un tema que precisa cambios y reajustes.

Las configuraciones DE LOS ASPECTOS

EL CUADRADO CÓSMICO (O GRAN CRUZ CÓSMICA)

Cuando se dan aspectos en la carta natal (o en cualquier otra carta astrológica), estos forman configuraciones fáciles de identificar. Estos patrones le ayudarán a revelar una parte de la carta con la que poder saber más sobre usted mismo. Por lo general, hay tres o más planetas implicados, unidos por aspectos concretos que forman una figura geométrica. La configuración del cuadrado cósmico se forma con dos oposiciones y cuatro cuadraturas. No es muy frecuente,

y tener esta configuración en la carta puede resultar incómodo debido a que la intensa energía genera tensión, frustración y obstáculos. Ofrece un potencial y una oportunidad de trabajar hacia nuestros objetivos, pero el camino no será fácil. Para lograrlo hay que esforzarse mucho durante un largo periodo de tiempo, pero si canaliza la energía del cuadrado cósmico, le dará la energía y la fuerza necesarias para romper la tensión que forma la configuración.

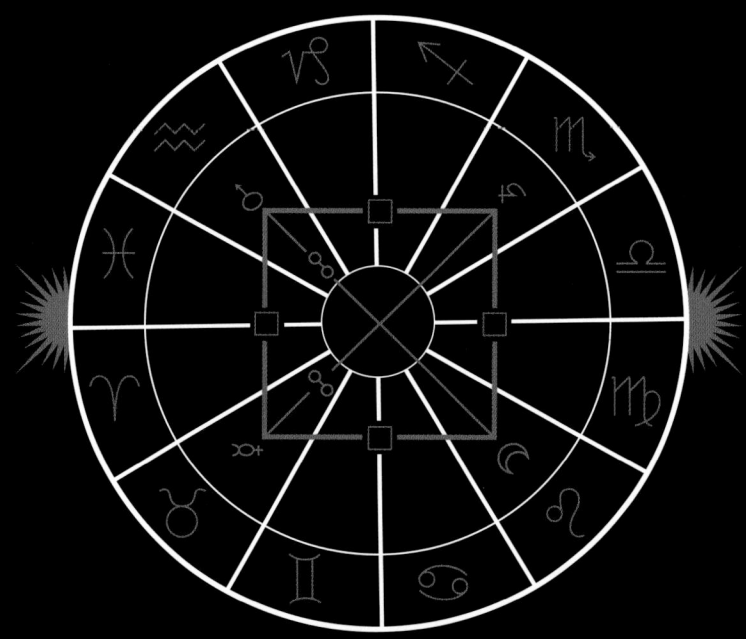

EL STELLIUM

El *stellium* ocurre cuando se da una conjunción de tres o más planetas, por lo general en el mismo signo zodiacal. Es posible tener más de un *stellium* en la carta en diferentes signos, aunque es poco frecuente. Si el Sol o la Luna están implicados, el número de planetas para que se considere un *stellium* es de cuatro. Si tiene uno de estos aspectos en su carta natal, verá una agrupación de planetas, como en el ejemplo inferior. Las energías de los planetas se juntan y se funden en una sola. El modo en que esto se refleja en su vida depende del signo, la casa y los planetas involucrados. Es un aspecto poderoso y de gran energía, y las características y rasgos de los planetas que lo forman tendrán gran influencia. Si tiene uno en su carta, le ayudará a entender la base de su personalidad. Si ha tenido problemas para conectar con el signo de su Sol, es posible que se identifique más con el signo en que se da el *stellium*. Estúdielo y puede que sienta que describe mejor la persona que es.

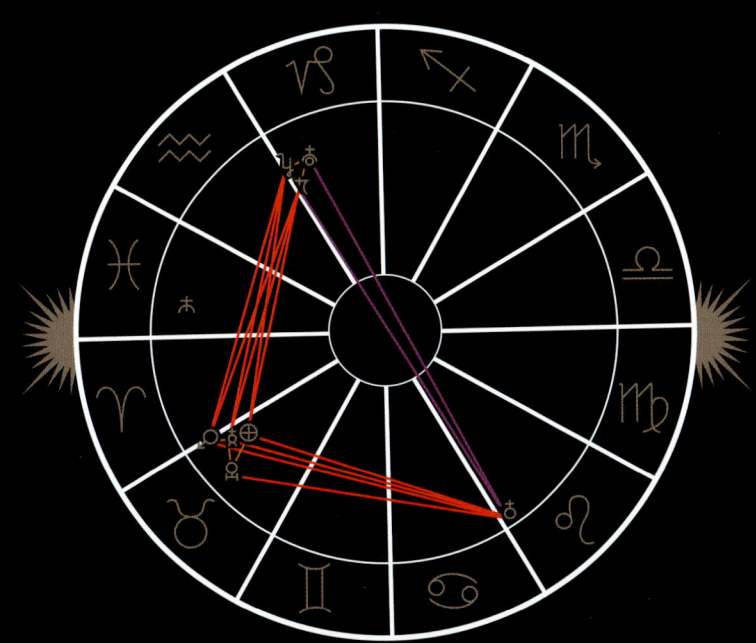

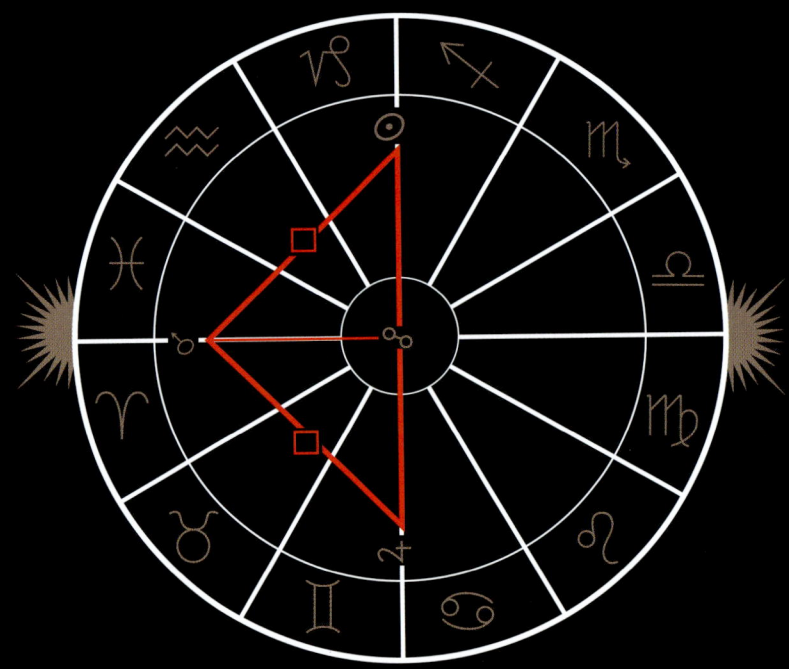

LA CRUZ EN «T» (o «T» CUADRADA)

La cruz en «T» se forma cuando dos planetas en oposición (180 grados) forman una cuadratura con un tercer planeta. El tercer punto —el planeta focal o la «salida» de la cruz en T— es el más importante de esta configuración porque proporciona un punto medio entre los planetas opuestos, esforzándose por mediar entre ellos. Cuando estudie su carta natal, fíjese en las casas y signos donde se encuentran los planetas que forman la cruz en «T». No tienen nada en común entre sí, por lo que se considera una configuración difícil, ya que genera estrés y crea obstáculos de forma parecida al cuadrado cósmico. Aunque la cruz en «T» puede tener efectos negativos, también pueden surgir cosas positivas. Es un aspecto que le motivará, porque le obligará a centrarse en los bloqueos que produce y en la forma de eliminarlos.

EL GRAN TRÍGONO

El gran trígono se forma cuando tres o más planetas son equidistantes entre sí y forman un triángulo equilátero. Se conoce como aspecto «suave» porque representa una energía constructiva, de ayuda, en lugar de fricción y tensión. La configuración se considera un regalo del universo, así que si tiene un gran trígono en su carta, le dará suerte y oportunidades gracias a la facilidad con que se relacionan los planetas.

Crea un flujo armonioso de energía que realza nuestra visión y percepción, y proporciona más confianza y una sensación general de esperanza y optimismo. El gran trígono tiene más fuerza cuando los planetas de la configuración se encuentran en signos del mismo elemento. Sin embargo, cuando uno de ellos se halla en un signo de un elemento diferente, el aspecto se debilita.

LA CULPA ES DE LA RETROGRADACIÓN

7

LOS PLANETAS RETRÓGRADOS

Probablemente todos hemos oído el término «retrógrado»; es una palabra que en los últimos años circula mucho por las redes sociales. La palabra viene del latín *retrogradus*, que significa «paso hacia atrás», por lo que una retrogradación planetaria es cuando un planeta parece detenerse y después retroceder en su órbita, desde nuestro punto de observación en la Tierra. Es una ilusión óptica, porque por supuesto los planetas no se mueven hacia atrás. Cuando se da la retrogradación, la Tierra sigue su órbita y pasa por la de otro planeta, o es el planeta el que cruza la órbita de la Tierra. Desde nuestro punto de observación, parece que el otro planeta sigue una trayectoria retrógrada en el cielo.

Este movimiento planetario ha adquirido una fama más bien negativa, por lo general —y de modo injusto— cuando se habla de Mercurio retrógrado. En el siguiente apartado comentaremos un poco más el tema. Todos los planetas pasan por un periodo de retrogradación, aunque la frecuencia en que esto ocurre y el tiempo que dura varía de planeta a planeta. Incluso puede que tenga planetas retrógrados en su carta natal. En este capítulo examinaremos la retrogradación de todos los planetas del sistema solar, el efecto que pueden tener cuando retrogradan y su influencia si tiene alguno en su carta natal. Asimismo, veremos cómo sintonizar y trabajar con sus energías. Este movimiento no es sinónimo de caos y catástrofe, sino que trae oportunidades y se puede usar de forma positiva.

MERCURIO RETRÓGRADO:
¿temor u oportunidad?

Mercurio retrógrado ha adquirido una reputación más bien temible, sobre todo en las redes sociales. Mientras dura este movimiento planetario es común ver consejos para sobrevivir a Mercurio retrógrado, como por ejemplo «no firme ningún contrato ni tome decisiones importantes cuando Mercurio esté retrógrado».

Como este planeta se asocia con la comunicación, cuando está retrógrado altera esta esfera de la vida. También tiene que ver con los malentendidos, así como con temas tecnológicos y electrónicos. Puede causar interrupciones en los viajes y llevar nuestra atención al pasado.

No hay duda de que Mercurio retrógrado es un periodo desafiante, pero es injustificado decir que genera caos y perturbaciones. Su energía se puede usar de formas positivas. El movimiento retrógrado lleva nuestra atención hacia el interior, un tiempo que podemos emplear para conectar y ser más conscientes de nosotros mismos.

Como Mercurio retrógrado se asocia con el movimiento de retroceso, llama nuestra atención hacia el pasado, por lo que es un buen momento para examinar de nuevo proyectos no acabados que tenga pendientes, sobre todo si tienen que ver con escribir, leer o investigar. Ofrece la oportunidad de rehacer, reevaluar y revisar ciertas cosas de la vida que ya no nos sirven. Fíjese en el signo zodiacal en que se dé la retrogradación, porque le dirá qué esfera de la vida se verá afectada y dónde puede enfocar su atención para aprovechar al máximo este movimiento planetario. Mercurio retrógrado hace que las cosas vayan un poco más lentas, pero esto puede crear un espacio para reconectar con amigos y familiares que no ha visto hace tiempo o reconectar con su pareja.

Si Mercurio estaba retrógrado en el momento en que nació (¡como en mi caso!), experimentará la retrogradación de forma diferente a otras personas que lo tienen directo en su carta natal. Mercurio rige los procesos mentales, y los nacidos con Mercurio retrógrado pueden tener una mente más aguda y, a menudo, viven en su propio mundo mental. Esto puede dificultar la comunicación en algunos momentos. Si tiene Mercurio retrógrado en su carta natal, compruebe el signo y el elemento, le ayudarán a entender su forma de pensar.

SIGNO Y SÍMBOLO

DURACIÓN
Cada periodo de
retrogradación dura
unas 3 semanas

FRECUENCIA
De 3 a 4 veces al año

MERCURIO RETRÓGRADO

PALABRAS CLAVE
Falta de comunicación, disrupción, dificultades técnicas, malentendidos,
problemas en los viajes, el pasado, retroceso, revisar, reexaminar, reevaluar, autoconciencia

OTROS PLANETAS
retrógrados

Todos los planetas pasan por un periodo de retrogradación, aunque la frecuencia y la duración del mismo varían. El movimiento retrógrado se asocia con el retroceso que trae energías disruptivas, pero no todo es caos ni negatividad. Si tiene algunos de estos planetas retrógrados en su carta natal, es posible que experimente sus efectos de un modo más intenso.

Venus

FRECUENCIA: cada 18 meses
DURACIÓN: 40 días

Cuando Venus, planeta del amor y de la belleza, se pone retrógrado, revela los puntos débiles de nuestras relaciones. Podrían reaparecer antiguos temas, incluso los que creíamos que estaban resueltos; también aumenta la posibilidad de malentendidos. Venus puede impulsarnos a tomar decisiones espontáneas sobre nuestro aspecto físico que después lamentaremos.

Venus retrógrada nos brinda la oportunidad de reevaluar nuestras relaciones y abordar los problemas que pudiéramos tener. Es buena época para centrarse en lo que valoramos, incluyendo el hecho de profundizar en nuestros sentimientos de autoestima.

Marte

FRECUENCIA: cada 2 años
DURACIÓN: 55-80 días

Marte retrógrado influye sobre nuestros impulsos y motivación, haciendo que parezca imposible hacer las cosas. Podría tratarse de proyectos en curso, que pierden impulso o se estancan. Habrá retrasos en otras esferas de la vida, y como planeta de la guerra, Marte retrógrado aumenta la probabilidad de conflicto.

Como Marte retrógrado hace que las cosas vayan más lentas, aprovéchelo si ha estado trabajando demasiado. Es momento de canalizar su energía para pensar en cómo alcanzar sus objetivos cuando Marte se ponga directo.

Júpiter

FRECUENCIA: una vez al año
DURACIÓN: 120 días

Júpiter es el planeta de la expansión, pero cuando está retrógrado dirige el foco hacia el interior y fomenta la introspección. Nos sentiremos menos expansivos y expresivos, porque es el más suave de los movimientos retrógrados. Puede causar retrasos y desvíos inesperados.

Emplee esta energía de la retrogradación introspectiva para calmar la mente y reflexionar sobre su evolución personal. Reflexione con sinceridad sobre la dirección que lleva su vida y si esta concuerda con su yo superior.

Saturno

FRECUENCIA: una vez al año
DURACIÓN: 140 días

Saturno, el planeta de la disciplina y el karma, se asocia con restricciones y limitaciones. Puede traer a la luz deudas kármicas que debemos pagar y lecciones kármicas que debemos aprender. Es momento de examinar de nuevo lo pasado y cumplir con las responsabilidades que hemos estado evitando.

Saturno retrógrado nos da la oportunidad de revisar el año transcurrido desde la última retrogradación, y de reconocer los retos que debemos abordar. Es buena época para planificar lo que debemos hacer para alcanzar nuestras metas, sobre todo las relativas a la profesión.

Urano

FRECUENCIA: una vez al año
DURACIÓN: 150 días

Urano se conoce por su energía errática, impredecible y mudable, pero cuando está retrógrado se vuelve más calmada y menos volátil. Nos invita a ir hacia el interior para hacer los cambios necesarios, y no le importa darnos alguna llamada de atención personal para que despertemos.

Conocido como «el que despierta», Urano retrógrado nos ayuda a ver las cosas desde una perspectiva diferente, para que llevemos una vida más auténtica. Es también una época de mayor creatividad y un buen periodo para repasar el año transcurrido desde la última retrogradación del planeta.

Neptuno

FRECUENCIA: una vez al año
DURACIÓN: 155 días

Como planeta de lo ilusorio, Neptuno puede distorsionar la realidad cuando está directo, pero retrógrado nos ayuda a ver la realidad tal como es. Hace que sea muy difícil ignorar la verdad y engañarnos a nosotros mismos, y nos puede ayudar a encontrarle un significado más profundo a esta realidad.

Durante su retrogradación, el planeta de la espiritualidad nos ayuda a conectar con nuestra alma y a situarnos en nuestra propia verdad y autenticidad. Es buena época para conectar con la intuición, la creatividad y la espiritualidad.

Plutón

FRECUENCIA: una vez al año
DURACIÓN: 155 días

Cuando el planeta de la muerte, el renacimiento, el control y la destrucción se pone retrógrado, dirige nuestra atención hacia el interior para que exploremos nuestra parte en la sombra. Es una oportunidad de conocer el inconsciente y abordar temas por lo general considerados tabú.

Plutón retrógrado destaca esas cosas que ya no nos son útiles en la vida y qué partes de la misma precisan transformación. Vinculado a la figura del ave fénix, Plutón retrógrado nos pide arder y resurgir de las cenizas.

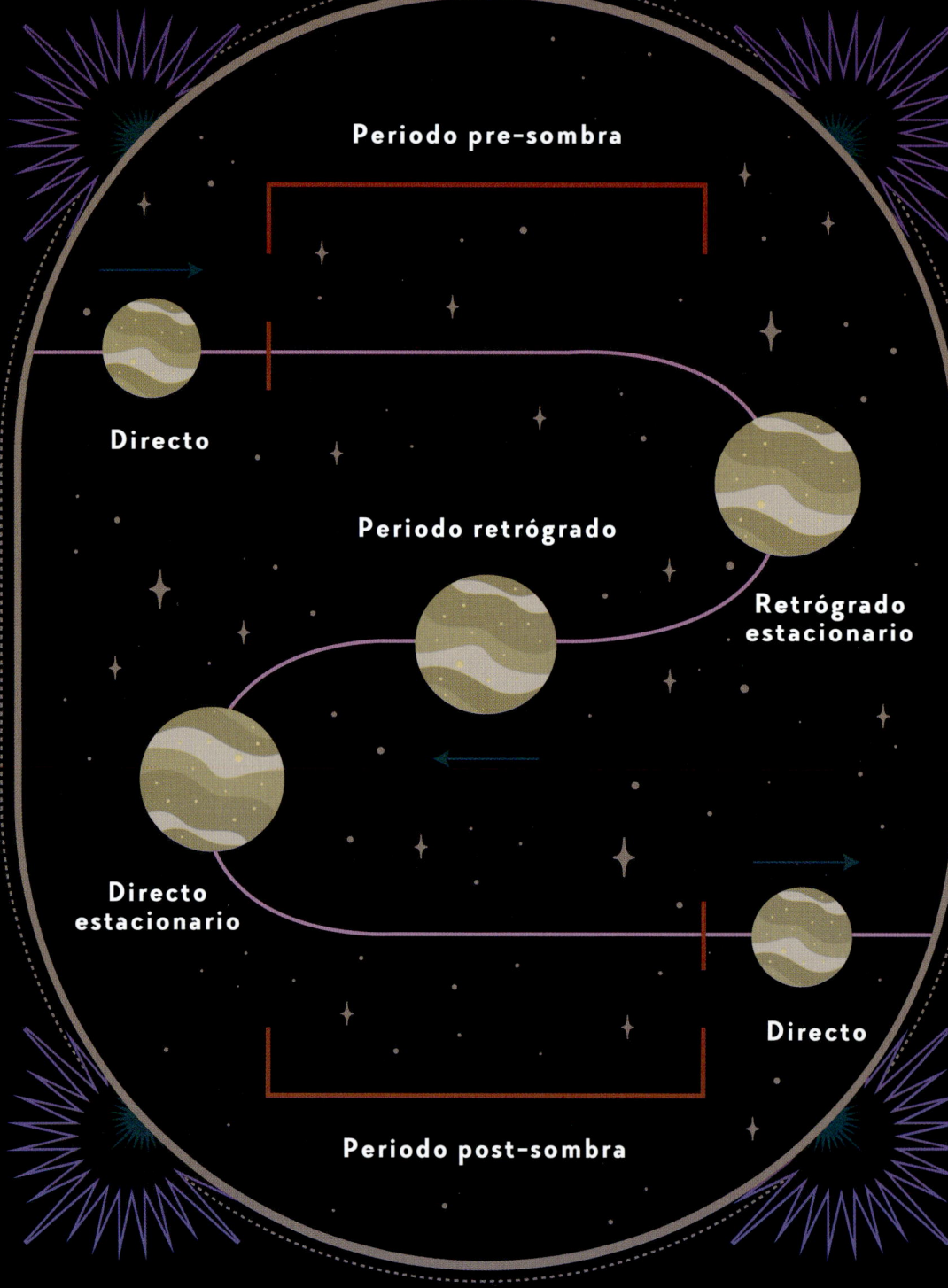

Periodo pre-sombra

Directo

Periodo retrógrado

Retrógrado
estacionario

Directo
estacionario

Directo

Periodo post-sombra

RETROGRADACIÓN
y el periodo de sombra

La retrogradación es una ilusión óptica en la que parece que un planeta retrocede en su órbita al observarlo desde la Tierra. Durante un tiempo concreto, tanto antes como después del periodo retrógrado, el planeta pasa por lo que se llama un periodo de sombra, o sombra retrógrada.

Puede que haya oído estas palabras en las redes sociales hablando de Mercurio, pero todos los planetas pasan por estos periodos, no solo Mercurio. La duración puede ser de unas semanas a varios meses, dependiendo del planeta.

La ilustración de la página anterior muestra el movimiento aparente de un planeta en retrogradación, así como los periodos de sombra anterior y posterior. Antes de que el planeta se ponga retrógrado, avanza y después empieza a ir más lento antes de ponerse estacionario (periodo pre-sombra). El planeta parece ponerse retrógrado, pero cuando aparece por el otro lado se pone directo y estacionario antes de acelerar de nuevo a la velocidad anterior a la pre-sombra. El periodo en que un planeta acelera al ponerse directo se denomina post-sombra.

Cuando está estacionario, el planeta parece detenerse antes de ajustar su velocidad y dar un giro de 180 grados. El periodo de pre-sombra se puede sentir más intenso y tenso porque el planeta se está preparando para ponerse retrógrado. El modo en que esto se manifiesta depende del planeta en cuestión y del signo y la casa donde se dé la retrogradación. El impacto de cualquier retrogradación planetaria no se detiene abruptamente cuando se pone directo. En lugar de ello, va aminorando sus efectos a medida que pasan las semanas y el planeta acelera y continúa con su órbita.

La intensidad de la retrogradación y de su periodo de sombra se nota más en el caso de los planetas personales, los más cercanos a la Tierra: Mercurio, Venus y Marte. La intensidad de la retrogradación de los planetas exteriores —Júpiter, Saturno, Urano, Neptuno y Plutón— aumenta gradualmente cuando más se alejan de la Tierra, ¡pero todavía pegan fuerte!

PLANETARIAS DE LOS DÍAS DE LA SEMANA

Día de la semana	Alineación planetaria	Símbolo planetario
Lunes	Luna	☽
Martes	Marte	♂
Miércoles	Mercurio	☿
Jueves	Júpiter	♃
Viernes	Venus y Tierra	♀
Sábado	Saturno	♄
Domingo	Sol	☉

8

ASTROLOGÍA Y MAGIA

La astrología nos ayuda a desvelar partes ocultas de nosotros mismos y a profundizar en nuestra comprensión de quiénes somos. También puede ser una herramienta útil en la práctica de la brujería. Es importante destacar que no hace falta ser bruja para practicar la astrología, ni estudiar astrología para ser bruja. Pero cuando las dos se juntan, el resultado puede ser muy potente.

El uso de la astrología como herramienta en su práctica de brujería establece una relación profunda y personal con los planetas y las luminarias. Para empezar, podría dejar unas ofrendas o preparar un altar dedicado al planeta con el que desea trabajar. Por ejemplo, si quiere trabajar con la Luna para aumentar su intuición, medite primero sobre su energía, queme incienso de jazmín y encienda velas blancas y plateadas.

El uso de la magia conjuntamente con la astrología se basa en la creencia de que los planetas y las luminarias son seres inteligentes con los que conectamos, y cuyas energías nos sirven para obtener fuerza y enfocar nuestra magia. Por ejemplo, si tiene previsto realizar un hechizo para una mejor comunicación, podría trabajar con las energías de Mercurio en un miércoles, e incluir colores, hierbas y cristales asociados con Mercurio.

A lo largo de este libro encontrará la correspondencia general de cada planeta y signo zodiacal, que podrá incorporar a su trabajo mágico. A medida que aprende y crece, sin duda desarrollará su propio conjunto de correspondencias. Utilice las que le funcionen y aquellas con las que se sienta más a gusto. Emplear cosas como hierbas, cristales, colores e incluso cartas de tarot que comparten el mismo tipo de energía que el planeta o el signo con el que quiere trabajar, contribuirá a establecer una conexión mágica que hará que su hechizo sea más potente.

LA MAGIA
y los signos del zodiaco

Existen numerosísimas formas en las que puede combinar la práctica de la astrología con la brujería. Podemos usar los rasgos específicos de los 12 signos del zodiaco (*véase* capítulo 2 para las correspondencias) y los planetas (*véase* capítulo 4 para las correspondencias) e incorporarlos a nuestros hechizos y rituales para potenciarlos. Puede hacerlo trabajando con los signos que sintonicen con las energías de su trabajo mágico.

A continuación, una lista de los 12 signos zodiacales y sus asociaciones mágicas.

Aries
Acción, autoexpresión, identidad, fuerza, valor, liderazgo, fuerza de voluntad, sanación mental.

Tauro
Estabilidad, fertilidad, arraigo, ganancia material, seguridad, dinero y finanzas, prosperidad.

Géminis
Inteligencia, comunicación, cambio, relaciones, equilibrio, conocimiento.

Cáncer
Emociones, familia, el hogar, cambio, protección.

Leo
Confianza, creatividad, comunicación, expresión, fuerza de voluntad.

Virgo
Éxito, eficacia, prosperidad, pensamiento lógico, planificación, finanzas.

Libra
Justicia, equilibrio, imparciaidad, sanación física, diplomacia, romance.

Escorpio
Poderes y capacidades psíquicas, intuición, transformación, renovación, sexo, intimidad, fertilidad.

Sagitario
Transformación, crecimiento espiritual, viajes, asuntos legales, aprovechar las oportunidades, libertad.

Capricornio

Capacidades psíquicas, manifestación, adivinación, ambición, planificación, nuevos comienzos, arraigo, poner orden en asuntos de dinero.

Piscis

Creatividad, intuición, trabajo con los sueños, capacidades psíquicas, límites, conexión con el yo superior.

Acuario

Sabiduría, comunidad, amistad, inspiración, independencia, desapego.

SIGNOS ZODIACALES PARA TRABAJOS MÁGICOS

Una vez encuentre los signos de energía similar a la de su trabajo mágico, es hora de incorporarlos a sus hechizos. Usar su energía en sus rituales puede ser tan sencillo o tan complicado como quiera, pero lo mejor es elegir el método con el que se sienta más a gusto.

Estas son unas cuantas formas fáciles de incorporalos a su trabajo mágico.

1. Dibuje el símbolo del signo o escriba su nombre en un trozo de papel y póngalo en su altar o lugar de trabajo cuando lleve a cabo el hechizo. Invoque su energía para que le ayude en su trabajo. Tenerlo en el papel le da algo que física y energéticamente representa al signo con el que desea trabajar.

2. Grabe el nombre o el símbolo del signo con el que desea trabajar en velas del color adecuado para el hechizo (*véase* capítulo 2 para los colores).

3. Use el nombre y el símbolo de un signo como punto focal de una meditación.

4. Use el nombre o símbolo de un signo para representar los objetivos o intenciones que desea manifestar.

5. Espere a realizar su hechizo cuando la Luna se encuentre en el signo del zodiaco con el que quiere trabajar.

6. Realice su hechizo durante las semanas del signo zodiacal (*véase* capítulo 2 para las fechas).

LAS HORAS PLANETARIAS

Otra forma de establecer el tiempo para sus hechizos es usando el antiguo sistema de las horas planetarias. Este sistema astrológico y mágico nos permite sintonizar y trabajar con la energía de los planetas para potenciar nuestros trabajos mágicos.

Las horas planetarias se basan en el orden caldeo de los planetas: Saturno, Júpiter, Marte, Sol, Venus, Mercurio y la Luna. Nuestros días de la semana reciben su nombre por estos planetas, y en el sistema de horas planetarias rigen también la primera hora de su propio día. Observando el gráfico siguiente vemos que el domingo está regido por el Sol, y que este también rige la primera hora de ese día. Fíjese en que las horas que siguen a continuación están regidas por los planetas según el orden caldeo: Venus, Mercurio, Luna, Saturno, Júpiter, Marte, Sol, y que se repiten a lo largo del día y de la noche.

Un día planetario no es lo mismo que un día del calendario. Los días planetarios empiezan con la salida del Sol, así que las horas entre la puesta de sol y el amanecer forman parte de día anterior. Cada día planetario contiene 24 «horas» planetarias, divididas en 12 secciones —horas— de día y 12 secciones —horas— de noche (*véase* pág. 138). La duración de estas horas planetarias varía según la época del año. Esto significa que los días reflejan los cambios de estación, ya que en invierno las horas diurnas serán más cortas, y en verano, más largas.

Las horas planetarias resultan útiles si, por cualquier motivo, no le es posible sincronizar su magia con la fase correcta de la Luna. En lugar de ello, puede planificar su trabajo con el planeta que corresponda a la energía de su hechizo.

Ahora que conoce las bases de las horas planetarias, en las páginas siguientes encontrará dos métodos para usarlas de forma práctica en su magia. ¡Le prometo que no es tan complicado como parece!

HORAS
PLANETARIAS DEL DÍA

Horas	Dom	Lun	Mar	Miér	Jue	Vier	Sáb
1	☉	☾	♂	☿	♃	♀	♄
2	♀	♄	☉	☾	♂	☿	♃
3	☿	♃	♀	♄	☉	☾	♂
4	☾	♂	☿	♃	♀	♄	☉
5	♄	☉	☾	♂	☿	♃	♀
6	♃	♀	♄	☉	☾	♂	☿
7	♂	☿	♃	♀	♄	☉	☾
8	☉	☾	♂	☿	♃	♀	♄
9	♀	♄	☉	☾	♂	☿	♃
10	☿	♃	♀	♄	☉	☾	♂
11	☾	♂	☿	♃	♀	♄	☉
12	♄	☉	☾	♂	☿	♃	♀

Luna ☾   Marte ♂   Mercurio ☿   Júpiter ♃

Venus ♀   Saturno ♄   Sol ☉

HORAS
☾ PLANETARIAS DE LA NOCHE ☽

Horas	Dom	Lun	Mar	Miér	Jue	Vier	Sáb
1	♃	♀	♄	☉	☾	♂	☿
2	♂	☿	♃	♀	♄	☉	☾
3	☉	☾	♂	☿	♃	♀	♄
4	♀	♄	☉	☾	♂	☿	♃
5	☿	♃	♀	♄	☉	☾	♂
6	☾	♂	☿	♃	♀	♄	☉
7	♄	☉	☾	♂	☿	♃	♀
8	♃	♀	♄	☉	☾	♂	☿
9	♂	☿	♃	♀	♄	☉	☾
10	☉	☾	♂	☿	♃	♀	♄
11	♀	♄	☉	☾	♂	☿	♃
12	☿	♃	♀	♄	☉	☾	♂

Luna ☾   Marte ♂   Mercurio ☿   Júpiter ♃

Venus ♀   Saturno ♄   Sol ☉

MÉTODO 1

1. Elija un planeta para trabajar que sintonice con el propósito de su hechizo o ritual. Su día correspondiente (*véase* pág. 132) es el mejor para llevar a cabo el trabajo. Si por ejemplo su hechizo es para incrementar su vitalidad, es aconsejable realizarlo en martes porque el día se asocia con Marte.

2. Cuando tenga el día para realizar el hechizo, busque la hora de la salida y la puesta de Sol para el lugar donde vive. Calcule la totalidad de horas diurnas entre estos dos puntos. Puede hacer lo mismo para las horas nocturnas, para tener un tiempo concreto de oscuridad entre la puesta de Sol y la salida. Por ejemplo, si lo calculo para donde me encuentro ahora, el Sol salió hoy en Yorkshire, Reino Unido, a las 8:06 y se puso a las 15:46, así que hubo 7 horas y 40 minutos, o 460 minutos, de luz.

3. A continuación, tome el número de horas de luz (o los minutos) y divídalo por 12 para hallar la duración de cada hora planetaria. En mi caso, hoy: 460 minutos/12 = 38,3 minutos para cada hora planetaria del día. Puede hacer lo mismo para las horas nocturnas si desea realizar el hechizo de noche.

4. Ahora que sabe cuáles son las horas planetarias, usando el gráfico de la página 137 vaya al día regido por el planeta con el que quiera trabajar y halle las horas regidas por el mismo. Por ejemplo, un hechizo para la vitalidad tiene que ver con Marte, así que se realiza en martes. Buscando en la columna de martes, la primera hora está regida por Marte, así que es a la salida del Sol, en este caso las 8:06. La siguiente hora es siete casillas más abajo y nos dice que el segundo mejor tiempo para su trabajo mágico es la octava hora planetaria del día, de las 14:47 hasta las 15:25 (38,3 minutos para cada hora planetaria multiplicados por 8, lo que significa que tenemos que añadir 306,4 minutos a las 8:06, la hora de la salida del Sol.

MÉTODO 2

1. Este es un método simplificado para aprovechar el poder de los planetas para sus hechizos. En lugar de calcular la hora exacta de las horas planetarias, este método asume que estas, tanto para el día como para la noche, tienen una duración de 60 minutos.

2. Elija el planeta cuya energía se adecúe mejor a su trabajo y busque el día que corresponde al planeta.

3. Use la tabla y baje por la columna asignada al día en que quiera realizar el hechizo, hasta hallar las horas asociadas con el planeta con el que desea trabajar.

4. Estos son los mejores momentos para trabajar en su ritual o hechizo y aprovechar al máximo la energía planetaria.

GIBOSA
CRECIENTE

LUNA
LLENA

PRIMER
CUARTO

GIBOSA
MENGUANTE

CUARTO
CRECIENTE

ÚLTIMO
CUARTO

LUNA
NUEVA

CUARTO
MENGUANTE

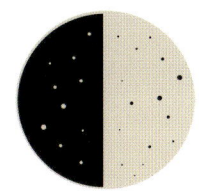

LA LUNA
y la brujería

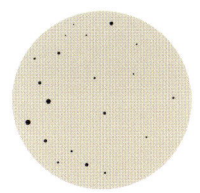

La Luna desempeña un papel importante en la práctica de la astrología y la brujería. Calcular la hora de sus hechizos y rituales para que sintonicen energéticamente con la fase lunar adecuada les dará un toque extra de energía y mayor eficacia. Cada fase lunar se aprovecha para diferentes tipos de magia.

LUNA NUEVA. Inicios, nuevos comienzos, limpieza, soltar, arraigo, establecer intenciones y metas, iniciaciones, eliminar malos hábitos y adicciones, destierro, maldiciones, trabajo de sombras, mejora personal.

CUARTO CRECIENTE. Aumento, crecimiento, refuerzo, invocación, planificación, éxito, magia positiva y simpática, carrera, confianza, atracción, prosperidad, desarrollar el amor, mejora personal.

PRIMER CUARTO. Crecimiento, cuidados, equilibrio, creatividad, fuerza, seguir adelante, poder, amor, suerte, abundancia, prosperidad, acción, abrir caminos, aceptar retos.

GIBOSA CRECIENTE. Éxito, manifestación, atracción, suerte, riqueza, motivación, amor, abundancia, sanación, magia de los elementos, protección.

LUNA LLENA. Poder, limpieza, incrementar las habilidades psíquicas, protección, sanación, fertilidad, carga, purificación, abundancia, finalización, romance, manifestación, trabajo interior.

GIBOSA MENGUANTE. Decremento, reflexión, soltar, desterrar, deshacer maldiciones, eliminar negatividad, finales, liberación.

TERCER (ÚLTIMO) CUARTO. Descanso, reflexión, soltar, mirar hacia el interior, meditación, purificación, eliminación, desterrar la negatividad, liberación.

CUARTO MENGUANTE. Sanación, celebrar las fases lunares, eliminar malos hábitos y enfermedades, finales, soltar, destierro, descanso.

No son solo las fases lunares las que se pueden usar en magia y brujería. Existen otros acontecimientos lunares, como las superlunas y eclipses, cuando la Luna está vacía (fuera de curso) y puntos astronómicos relacionados como la Luna negra Lilith, que podemos usar para calcular y conformar nuestra magia, hechizos y rituales. Después tenemos el zodiaco lunar, que consta de 28 partes llamadas mansiones lunares. Cada una con su propio nombre árabe, las mansiones tienen raíces antiguas y energías específicas que se pueden usar en magia. En las páginas siguientes examinaremos cada una de ellas y cómo usarlas para potenciar su trabajo mágico. Es importante destacar que no todas las brujas calculan sus hechizos según la Luna, ya que todos somos diferentes. Tener en cuenta los acontecimientos lunares no es un factor obligatorio en el trabajo con hechizos.

SUPERLUNAS

La órbita de la Luna alrededor de la Tierra no es circular, y por ello en algunos puntos la Luna se acerca más a la Tierra que en otros, haciéndola parecer un 14 por ciento más grande. Esta proximidad es la que le da a la Luna sus «supercualidades».

En astronomía, la superluna se denomina sizigia de perigeo. Existen dos tipos. La superluna llena ocurre cuando la Luna está directamente alineada con el Sol y se aproxima a la Tierra, haciendo que parezca más grande y más brillante de lo normal. La superluna nueva no es visible para nosotros, pero ocurre cuando la Luna se encuentra en el punto más cercano a la Tierra.

Por lo general, hay tres o cuatro superlunas al año. En términos mágicos, las cualidades asociadas con la luna llena y la luna nueva se incrementan, y son estas energías potenciadas las que se aprovechan para hechizos y rituales. Al trabajar con una superluna es importante comprobar el signo por el que pasa para conocer sus rasgos y características, ya que los puntos fuertes y débiles del signo zodiacal se verán también aumentados. Esta intensa energía lo convierte en un momento potencialmente agotador, pero algunas personas lo encuentran estimulante.

Por ejemplo, si piensa realizar un hechizo de protección, la superluna llena sería el momento ideal, ya que sus energías potenciadas reforzarán el poder del hechizo. Si lo que desea es un ritual para establecer intenciones o para un nuevo comienzo, la superluna nueva sería la más adecuada energéticamente hablando.

Existen muchísimas cosas mágicas que se pueden hacer durante una superluna. Como esta influye sobre las mareas, es el momento ideal para trabajar con el elemento agua. Una forma sencilla de hacerlo es preparar agua de Luna para emplear en hechizos, beber o regar las plantas. Prepare un tarro para la buena salud con alhabaca, manzanilla y matricaria secas. Podría añadir algo simbólico, como una pastilla de vitaminas, y sellar el tarro con una vela azul o blanca. Otra opción es quemar una mezcla de incienso especial para la superluna combinando a partes iguales lavanda, canela y romero, y así llevar las energías lunares a su hogar o espacio ritual, o como parte de un hechizo. También puede tomar un baño purificador con sales de Epsom (sulfato de magnesio), romero y lavanda.

Precaución. Si tiene una piel sensible propensa a las reacciones alérgicas, realice antes una prueba del parche con una infusión o decocción de las hierbas que piense utilizar en su baño ritual.

Practique el arraigo
pasando un rato en la
naturaleza si las energías de
la superluna le parecen
demasiado intensas.

La energía de la superluna
llena es perfecta para
hechizos que precisen un
gran refuerzo energético.

Pase un tiempo absorbiendo
las energías lunares tomando
un baño de luz de Luna.

SUPERLUNAS
Y MAGIA

Deje unos cristales a la luz
de la Luna para limpiarlos
y cargarlos.

Tome un baño purificador
con sales de Epsom, romero
y lavanda.

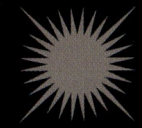

Queme incienso especial
para la superluna.

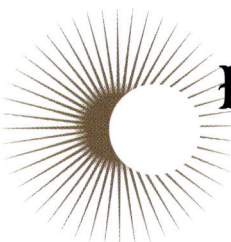

ECLIPSES LUNARES
y solares

Los eclipses son acontecimientos celestes dinámicos y con fuerte influencia kármica. Activan los nodos lunares de la carta natal, que se manifiestan en su vida como una mayor conexión con su parte intuitiva.

Eclipse lunar

Esto ocurre cuando la Tierra se cruza entre la luna llena y el Sol, haciendo que la Tierra proyecte una sombra sobre la Luna, total o parcialmente. Puede durar de unos minutos a varias horas. El eclipse lunar total es cuando el Sol, la Tierra y la Luna están en perfecta alineación, haciendo que la Luna se vuelva oscura o incluso rojiza, porque no hay luz solar directa que se refleje en su superficie. Un eclipse lunar parcial es cuando la sombra arrojada por la Tierra solo oscurece una parte de la Luna. Los eclipses lunares se asocian con la sanación, los adelantos, el pasado y el tiempo en que la carga kármica se libera.

Eclipse solar

Esto solo ocurre cuando la luna nueva y el Sol están en el mismo grado del zodiaco. Cuando la Luna pasa entre el Sol y la Tierra, bloquea el Sol de forma total o parcial. Los eclipses solares se asocian con revelaciones, renacimiento y cambio.

Eclipses, astrología y magia

Mágicamente hablando, los eclipses son momentos de gran poder y de una energía voluble e impredecible. Es frecuente durante los eclipses observar patrones, como ver números repetidos, y tener premoniciones o sueños recurrentes. Tenderá a sentirse más agotado, ansioso y con problemas para dormir. Si usted nació durante un eclipse, examine el signo y la casa donde se encuentra porque esto revelará la esfera de la vida donde se activará e influirá.

Aunque algunas brujas sienten que el momento del eclipse es increíblemente poderoso para la magia, muchas otras (entre las que me incluyo) piensan que la energía del eclipse es demasiado intensa y su naturaleza demasiado impredecible para los trabajos mágicos. Los hechizos lanzados en estos momentos podrían provocar un efecto distinto al deseado y las cosas se podrían torcer, y con la inmensa cantidad de energía voluble en el ambiente, ¡es probable que salga mal!

En la página siguiente comparto algunas de las cosas que yo hago, y no hay problema si su trabajo mágico difiere del mío. Aunque la magia durante un eclipse no es recomendable, la decisión está en sus manos.

Cúidese si el eclipse
le agota la energía.

Prepare agua de eclipse lunar
o solar para usarla en hechizos
o regar las plantas.

ECLIPSES LUNARES

Practique la adivinación,
por ejemplo el tarot.

Y SOLARES

Anote sus sentimientos,
especialmente durante un
eclipse lunar, si este le trae
cosas del pasado.

Medite y aprenda
a fluir con las energías
del eclipse.

Practique el trabajo de sombras.

Medite.

Practique yoga, pilates o estiramientos suaves.

Arráiguese entrando en contacto con la naturaleza.

ACTIVIDADES PARA LA LUNA FUERA DE CURSO

Anote sus sentimientos en un diario.

Queme un incienso que calme (partes iguales de lavanda, manzanilla, romero y olíbano).

Practique alguna rutina; le dará estabilidad y se sentirá cómodo.

Cuídese.

Tómese un tiempo para la reflexión.

LUNA
fuera de curso

En el transcurso de unos 28 días, la Luna recorre los 12 signos del zodiaco al orbitar alrededor de la Tierra. Permanece entre dos y tres días en un signo antes de pasar al siguiente.

Al hacerlo, la Luna a menudo forma aspectos mayores con otros planetas (*véase* capítulo 6). Puesto que la Luna avanza con rapidez por los signos del zodiaco, forma aspectos constantemente y estos pueden tener un verdadero impacto en nuestro estado de ánimo y emociones. La Luna vacía o fuera de curso cubre el periodo de tiempo entre el último aspecto que forma la Luna estando en un signo y su entrada en el siguiente. Esto finaliza cuando la Luna ya se encuentra en el siguiente signo. Puede durar de unos segundos a varias horas, o incluso hasta un par de días.

Este vacío representa un periodo en el que la Luna avanza por los signos y no está bajo la influencia de planetas cercanos. Ya no proyecta su energía sobre el signo en que se encuentra, pero todavía no está preparada para proyectarla en el signo siguiente. Tradicionalmente se tiende a evitar tomar decisiones durante este periodo, ya que la Luna fuera de curso puede afectar el modo en que vemos las cosas, dando una visión distorsionada de la realidad. Cualquier decisión que tome no estará necesariamente basada en hechos y podría ser poco realista, motivo por el cual es mejor evitar emprender nuevos proyectos o firmar contratos o acuerdos cuando la Luna está fuera de curso. Los planes que se fijan para llevarse a cabo durante este periodo tienden a no materializarse en el mundo real.

Durante este tiempo se puede sentir menos paciente, menos productivo y menos arraigado de lo normal. Puede provocar sentimientos de frustración, porque parece que le hace ir más despacio. Esta baja energía de la Luna fuera de curso significa que no es buen momento para la magia ni la manifestación. Para las personas que trabajan con las energía y los ciclos de la Luna, este periodo es una oportunidad para descansar. A menudo los astrólogos y las brujas emplean el periodo de fuera de curso para prácticas que requieren poca energía o para la reflexión, así como para tomarse un respiro. Dedique un tiempo a cuidarse y a prácticas reparadoras que equilibren su energía y emociones, y no malgaste la poca que le pueda quedar.

Si desea seguir esta fase lunar, existen numerosos sitios web donde calcular cuándo la Luna se encuentra fuera de curso.

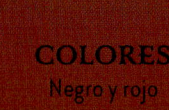

COLORES
Negro y rojo

SÍMBOLO
Luna creciente y cruz

ELEMENTOS
Aire y fuego

LUNA
NEGRA LILITH

ASOCIACIONES MÁGICAS
Transformación, liberación, sensualidad,
empoderamiento, sexualidad y magia sexual,
femineidad, despertar, sanación, confianza,
autoexpresión, abordar la ira, respeto,
reconocimiento, fertilidad, magia, igualdad,
mejorar las relaciones.

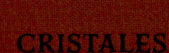

CRISTALES
Amatista, diamante
negro, piedra lunar
negra, cornalina, cuarzo
trasparente, obsidiana,
ónice, cuarzo ahumado,
jaspe rojo

HIERBAS, FLORES
Y ÁRBOLES
Cedro, gardenia, artemisa,
flor de azahar, pachuli,
peonia, rosa, sándalo,
ajenjo, ylang ylang

ANIMALES
Serpientes y búhos

LUNA
negra Lilith

La Luna negra Lilith no es un planeta ni un cuerpo celeste situado en su carta natal, sino el punto matemático exacto de la órbita lunar que se encuentra lo más lejos posible de la Tierra. Debido a la órbita elíptica de la Luna, este punto se encuentra siempre en la oscuridad y representa un lugar donde la Luna está aislada del resto de los planetas. La Luna negra Lilith no debe confundirse con el asteroide Lilith (también existen otras Liliths en astrología, lo que al principio puede resultar confuso).

Lilith es la arquetípica mujer rebelde: se negó a ser la esposa sumisa de Adán y, como resultado, dios la expulsó del Jardín del Edén. Lilith se asocia con la lucha contra el patriarcado, por lo que resulta una diosa muy estimulante con la trabajar, ya sea usted hombre o mujer. Lilith representa el lado oscuro de la existencia humana, pero su oscuridad no equivale a nada negativo. Representa nuestros miedos, instintos, obsesiones, deseos reprimidos y sexualidad (que se puede manifestar como vergüenza y culpa). Litlith es una fuerza indómita, feroz, que nos pide aceptar nuestro lado de sombra y liberar aquello que nos han enseñado a reprimir.

La magia durante el periodo de una Luna negra Lilith es muy potente. Ofrece transformación, pero el camino no suele ser fácil porque nos obliga a enfrentarnos a verdades incómodas. Lilith nos ayuda a liberar nuestra auténtica voz, a descubrir nuestro camino en la vida y a eliminar obstáculos, llevándonos hacia un estado de conciencia más elevado.

Cuando Lilith se encuentra en Tauro en una carta natal sugiere una persona testaruda pero sensual. Lilith en Virgo influye sobre lo cotidiano, y puede ser perfeccionista por un lado, o muy desordenada por el otro; una Lilith en Acuario indica alguien que se niega a poner límites a su libertad e independencia.

A mí me encanta quemar una mezcla de incienso inspirada en Lilith cuando trabajo con este ciclo lunar. Uso partes iguales de artemisa, jazmín, pétalos de rosa y mirra y lo quemo sobre un carboncillo en un recipiente ignífugo. La Luna negra Lilith es el momento perfecto para la magia asociada con la liberación, empoderamiento, sexo, trabajo de sombras y sanación; consulte la página anterior para una lista completa de correspondencias mágicas.

Saber el signo y la casa que ocupa Lilith en su carta le dará información sobre su parte en la sombra y el poder oculto en su interior. Puede calcularlo utilizando uno de los numerosos sitios de Internet. Mi favorito es: cafeastrology.com/what-my-black-moon-lilith.html.

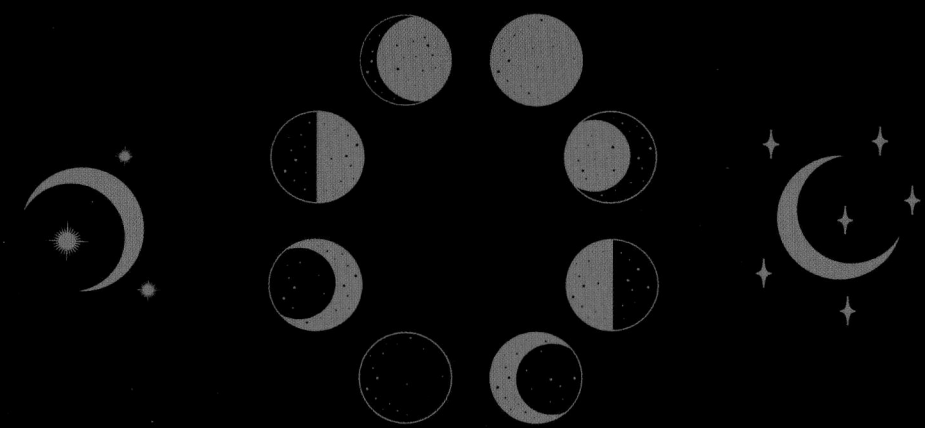

LAS MANSIONES
lunares

El zodiaco más popular es el que se basa en la trayectoria del Sol a través de las constelaciones del zodiaco a lo largo de un año. Pero pocas personas saben que existe también un zodiaco lunar. Llamado «mansiones lunares», este zodiaco se basa en la trayectoria de la Luna a través de las estrellas mientras completa su órbita alrededor de la Tierra. Cada mansión se basa en una sola estrella, o en una agrupación, y tiene un nombre árabe. El ciclo completo es de 27,32 días, y la Luna permanece un día y una noche en cada signo antes de pasar al siguiente. La órbita lunar se divide en 27 o 28 mansiones siguiendo los 360 grados del zodiaco (dependiendo del tipo de astrología que use). Aquí usaremos la astrología occidental (influida por la árabe), que tiene 28 mansiones lunares, cada una de ellas ocupando 12° 51' 26" de la rueda zodiacal. Empezando por el grado 0 de Aries, cada mansión corresponde a diferentes estrellas de las constelaciones del zodiaco, siguiendo el recorrido de la Luna por la rueda zodiacal, y terminando donde empezó: a 0 grados de Aries.

Las mansiones de la Luna son antiguas. Aunque su origen exacto se sigue debatiendo, existe evidencia de que se empleaba el zodiaco lunar en Oriente Medio, China e India. La primera prueba histórica escrita sobre el uso de este zodiaco es del astrólogo islámico Al-Biruni nacido en el 973 e. c. Cada mansión se asocia con un tipo diferente de energía que se puede usar para potenciar el trabajo mágico realizado en ese momento. Para saber en qué mansión se encuentra la Luna en un momento determinado, yo utilizo el sitio web https://mooncalendar. astro-seek.com/arabic-moon-mansion-calendar.

MANSIÓN UNO
Al-Sharatain (Los dos signos)

POSICIÓN: 0° Aries—12° 51' 26'' Aries
PALABRAS CLAVE: cambio, energía ardiente y poderosa, movimiento, comienzos, viaje, sanación.

Asociada con un estallido de energía que facilita la magia relativa al cambio, es un momento perfecto para la magia asociada con los nuevos comienzos, así como para hechizos relacionados con un viaje seguro, temas de negocio y sanación.

MANSIÓN DOS
Al-Butain (El vientre)

POSICIÓN: 12° 51' 26'' Aries —25° 42' 51'' Aries
PALABRAS CLAVE: conflicto, valor, esfuerzo, voluntad, ambición, nuevos comienzos.

Asociada con una energía ardiente, esta mansión puede crear conflicto, pero también trae esperanza, lo que hace que sea un buen momento para la magia asociada con la reconciliación y la resolución de conflictos. También es una buena ocasión para sembrar semillas de intención y para lanzar hechizos encarados a obtener sabiduría, el éxito en los negocios o el favor de personas en puestos de autoridad.

MANSIÓN TRES
Al-Thurayya (El enjambre o Las Pléyades)

POSICIÓN: 25° 42' 51'' Aries—8° 34' 17'' Tauro
PALABRAS CLAVE: determinación, transformación, prosperidad, abundancia, creatividad, carrera, belleza, arte, éxito, fortuna.

Asociada con la magia vinculada a la abundancia y a la prosperidad, gracias al mundano Tauro, la energía de esta mansión es más tranquila que la de las dos primeras y se puede usar en magia relacionada con la creatividad, el arte y la belleza. También son favorables los hechizos relativos a la transformación, el éxito profesional, la riqueza y la buena fortuna.

MANSIÓN CUATRO
Al-Dabaran (El seguidor)

POSICIÓN: 8° 34' 17'' Tauro—21° 25' 43'' Tauro
PALABRAS CLAVE: eliminación de obstáculos, lucha, negocios, trabajo, vencer a los enemigos, ira, fuerza.

Esta mansión tiene que ver con la magia que trata con la ira, ya sea trabajándola, dirigiéndola hacia enemigos, o para control personal. Se asocia también con la diplomacia y la reconciliación. La energía de la mansión le ayudará a eliminar cualquier obstáculo que impida el logro de sus objetivos, pero le recuerda también que no debe dejar de esforzarse para conseguirlos.

MANSIÓN CINCO
Al - Hakah (Un punto blanco)

POSICIÓN: 21° 25' 43'' Tauro–4° 17' 09'' Géminis

PALABRAS CLAVE: actividades intelectuales, estudios académicos, pensamiento, viajes, la mente, amistades.

Además de empresas intelectuales, esta mansión sirve para la magia relativa a empleos y carreras, y los hechizos para un ascenso o aumento de sueldo, que podría necesitar del favor de un jefe para que suceda. La magia relativa a establecer y romper amistades también es favorable.

MANSIÓN SEIS
Al - Hana (Pequeña estrella de la gran luz, o Antorcha)

POSICIÓN: 4° 17' 09'' Géminis–17° 8' 34'' Géminis

PALABRAS CLAVE: amor, amistades, afecto, relaciones, negocios, formar alianzas, poder.

Esta favorable mansión se asocia con atraer el amor y la amistad y con la formación de un vínculo entre dos personas. Se puede usar para atraer el afecto e intensificar cualquier relación actual. La magia relativa a los negocios y a formar alianzas es favorable en este momento. La Luna en esta mansión lunar podría muy bien representar conflicto, así que evite la magia asociada con el crecimiento.

MANSIÓN SIETE
Al - Dhira (El antebrazo)

POSICIÓN: 17° 8' 34'' Géminis–0° Cáncer

PALABRAS CLAVE: amor, sanación, amistades, negocios, abundancia, riqueza, ganancia.

Es buen momento para la magia relativa al amor y a las amistades, ya que fomenta la confianza. La mansión se asocia con el éxito en los negocios, así como la riqueza y la abundancia. Asimismo, puede representar el éxito de empresas futuras. La mansión es buena para la magia dedicada a la sanación y la plenitud.

MANSIÓN OCHO
Al - Nathrah (La brecha)

POSICIÓN: 0° Cáncer–12° 51' 26'' Cáncer

PALABRAS CLAVE: matrimonio, amor, amistad, familia, alcanzar las metas, sanación, alianzas.

Esta mansión suele relacionarse con el matrimonio y el amor. Cuando se encuentra allí la Luna, son favorables los hechizos asociados con la vida familiar y los vínculos y apegos entre familiares. La mansión sintoniza con la magia relativa a trabajar en pos de los objetivos y alcanzarlos, así como la victoria en un contexto legal.

MANSIÓN NUEVE
Al-Tarf
(La mirada del ojo del león)

POSICIÓN: 12° 51' 26" Cáncer–25° 42' 51" Cáncer

PALABRAS CLAVE: protección, autodefensa.

Esta mansión se asocia con la desgracia, la mala salud y la derrota. Es buen momento para cualquier ritual o hechizo de protección, en especial los relacionados con la salud, la economía, los viajes y las relaciones platónicas y románticas. También se puede usar la magia defensiva, sobre todo contra la decepción y la desgracia. Buen momento para hechizos relativos a la aceptación.

MANSIÓN DIEZ
Al-Jabhah
(El arco de Leo)

POSICIÓN: 25° 42' 51" Cáncer–8° 34' 17" Leo

PALABRAS CLAVE: salud, sanación, restablecimiento, poder, espiritualidad, amistad, amor, estudios, fuerza.

Esta es una mansión de gran poder y un buen momento para rituales y hechizos relativos a la fuerza, el amor y las relaciones. Se asocia con la magia de sanación, el restablecimiento de una enfermedad o adicción y la buena salud en general. Asimismo, es un momento favorable para la magia relacionada con los estudios, la educación y la adquisición de conocimientos.

MANSIÓN ONCE
Al-Zubrah (Melena de Leo, o Melena del león)

POSICIÓN: 8° 34' 17" Leo–21° 25' 43" Leo

PALABRAS CLAVE: ganancia, beneficio, viaje, riqueza, valor, poder, afirmación de autoridad, respeto.

En esta mansión es favorable la magia relacionada con los rasgos del signo zodiacal de Leo, como incremento de poder, fuerza y valor, pero no es momento de correr riesgos. Los hechizos y rituales relativos a la acción planificada y los proyectos con un objetivo claro son poderosos ahora, lo mismo que la magia asociada con ganancias, beneficios o riquezas.

MANSIÓN DOCE
Al-Sarfah (Cola de Leo, o El que cambia el clima)

POSICIÓN: 21° 25' 43" Leo–4° 17' 09" Virgo

PALABRAS CLAVE: jardinería y agricultura, crecimiento, crear bases, separación, servicio.

Esta mansión es favorable para la magia verde y para la que se centra en el crecimiento o desea establecer alguna base. Buen tiempo para hechizos y rituales de comunicación. La mansión se vincula a la confrontación, en especial en el amor, así que no es buen momento para la magia de las relaciones.

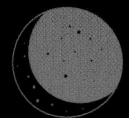  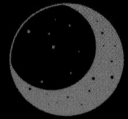 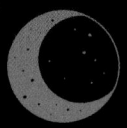

MANSIÓN TRECE
Al - Awwa
(Alas de Virgo, o El que ladra)

POSICIÓN: 4° 17' 09" Virgo–17° 08' 34" Virgo
PALABRAS CLAVE: amor, sexo, deseo, sexualidad, comienzos, nuevos proyectos, sanación, unión, incremento, realización.

Esta mansión se relaciona con el amor, en especial el sexual, el deseo y la sexualidad. Es el momento perfecto para iniciar nuevos proyectos y para rituales y hechizos relativos a los comienzos. Una mansión generalmente propicia, es buen momento también para la magia vinculada al incremento y la ganancia.

MANSIÓN CATORCE
Al - Simak
(El que no va armado)

POSICIÓN: 17° 08' 34" Virgo–0° Libra
PALABRAS CLAVE: romance, amor romántico, cambio de casa, amistad, ruptura de relaciones, cambio de empleo.

Muy vinculada a los hechizos para el romance y para atraer el amor romántico. Esta mansión puede ser una indicación positiva si ha estado pensando en dejar su empleo, cambiarse de casa o acabar con una relación. Es momento para la magia que elimina las cosas de su vida que ya no sirven a un propósito superior.

MANSIÓN QUINCE
Al - Ghafr (La cubierta)

POSICIÓN: 0° Libra–12° 51' 26" Libra
PALABRAS CLAVE: dinero, riqueza, negocio, comercio, prosperidad, comunicación.

Relacionada con la magia del dinero y los hechizos para aumentar la riqueza, esta mansión posee la naturaleza de Mercurio, el regente planetario de los negocios y el comercio. Es un momento favorable para la magia que sintoniza con estos temas y con la comunicación.

MANSIÓN DIECISÉIS
Al - Jubana
(Los cuernos de Escorpio)

POSICIÓN: 12° 51' 26" Libra–25° 42' 51" Libra
PALABRAS CLAVE: riqueza, prosperidad, éxito, negocio, comercio.

Esta mansión se asocia con el aumento de la riqueza y la prosperidad. Tradicionalmente se considera que posee la naturaleza de Saturno y Marte, y se vincula con los hechizos relativos al éxito en los negocios, al beneficio y a las ganancias monetarias a través del comercio y el negocio. Es una buena mansión con la que trabajar si desea un aumento de sueldo.

MANSIÓN DIECISIETE
Al-Iklil (Corona de Escorpio, o La corona de la frente)

POSICIÓN: 25° 42' 51" Libra–8° 34' 17" Escorpio

PALABRAS CLAVE: seguridad y protección económicas, protección contra el robo.

Esta mansión se refiere a la riqueza obtenida en las dos últimas mansiones, pero está más conectada con la seguridad financiera. A veces puede significar pérdida monetaria, así que cuando la Luna se encuentra en esta mansión es favorable la magia para proteger la riqueza y la estabilidad financiera. Asimismo, es buen momento para la magia relativa al amor, el matrimonio y las amistades.

MANSIÓN DIECIOCHO
Al-Qalb (El corazón de Escorpio)

POSICIÓN: 8° 34' 17" Escorpio–21° 25' 43" Escorpio

PALABRAS CLAVE: protección contra energías negativas, protección de la salud, desenmascarar a los enemigos.

Esta mansión puede representar peligro y amenaza. Es momento de protegerse contra cualquier energía o influencia negativa. Se recomienda la magia para proteger y fortalecer su salud, especialmente la del estómago. La energía de esta mansión es increíblemente potente, pero no querrá caer en su lado oscuro usándola para otras formas de magia.

MANSIÓN DIECINUEVE
Al-Shaulah (Cola de Escorpio, o El aguijón)

POSICIÓN: 21° 25' 43" Escorpio–4° 17' 09" Sagitario

PALABRAS CLAVE: agresividad, asertividad, eliminación de obstáculos, protección.

Con la influencia planetaria de Marte, esta mansión tiene una energía agresiva. Puede recordarnos que a veces necesitamos un empujoncito para seguir adelante. Es momento favorable para la magia que nos ayuda a aumentar la confianza en nosotros mismos y a alcanzar las metas. Se puede usar también para la magia de protección y la que elimina los obstáculos del camino.

MANSIÓN VEINTE
Al-Na'am (La viga, o Los avestruces)

POSICIÓN: 4° 17' 09" Sagitario–17° 8' 34" Sagitario

PALABRAS CLAVE: alcanzar sus objetivos, animales, viajes, escritura, negocios.

Esta mansión se asocia con los hechizos y rituales que le ayudan a alcanzar sus objetivos. Durante su trabajo mágico, concentre su energía en aquello que le impide avanzar. La energía de esta mansión es buena para trabajar con ella si es usted escritor. Son favorables los hechizos relacionados con todo tipo de escritura, para ayudar a vencer el bloqueo del escritor y para atraer la elocuencia.

MANSIÓN VEINTIÚNA
Al-Baldah (La ciudad)

POSICIÓN: 17° 8' 34" Sagitario—0° Capricornio
PALABRAS CLAVE: sanación, conflicto, ingresos, viajes, finales.

Aunque esta mansión se asocia con el conflicto y las discusiones, es el momento ideal para los finales de cualquier tipo, aunque esto implique cortar por lo sano en aras del crecimiento y el desarrollo personal. Es un momento favorable para la sanación y para los hechizos relacionados con la buena salud y el restablecimiento después de una enfermedad.

MANSIÓN VEINTIDÓS
Sa'd al-Dhabih (El asesino afortunado)

POSICIÓN: 0° Capricornio—12° 51' 26" Capricornio
PALABRAS CLAVE: sanación, restablecimiento, libertad, comienzos, escape, liberarse de las ataduras.

Esta mansión es favorable para la magia asociada con la sanación y el restablecimiento de una enfermedad. Escapar es un tema amplio; elija hechizos que le ayuden a escapar de las ataduras que le impiden avanzar y a encontrar la libertad en situaciones difíciles. Es una mansión para aprovechar el poder personal, generar cambios positivos y nuevos comienzos.

MANSIÓN VEINTITRÉS
Sa'd Bulah (La buena fortuna del glotón)

POSICIÓN: 12° 51' 26" Capricornio—25° 42' 51" Capricornio
PALABRAS CLAVE: divorcio, separación, libertad, decremento, sanación.

Esta mansión se asocia con la magia relativa al decremento, al divorcio, el final de una amistad o un periodo de su vida que debe dejar atrás. Se recomiendan rituales y hechizos para obtener la libertad, así como la sanación.

MANSIÓN VEINTICUATRO
Sad al Su'ud (La afortunada entre las afortunadas)

POSICIÓN: 25° 42' 51" Capricornio—8° 34' 17" Acuario
PALABRAS CLAVE: buena suerte, prosperidad, dinero, finanzas, mayores ingresos, nuevos proyectos, nuevos comienzos, matrimonio, amor.

Esta mansión se asocia especialmente a la magia para aumentar los ingresos y atraer la buena suerte y la prosperidad. Cuando la Luna se encuentra en esta mansión, a veces indica el nacimiento de un niño, pero también la creación de una idea, por lo que es favorable la magia asociada con los nuevos comienzos y nuevos proyectos, así como el amor y el matrimonio.

MANSIÓN VEINTICINCO
Sa'd al Akhbiya
(La estrella afortunada de las cosas ocultas)

POSICIÓN: 8° 34' 17" Acuario—21° 25' 43" Acuario

PALABRAS CLAVE: expansión, protección, estabilidad, arraigo, crecimiento, cuidados.

Esta mansión se asocia con la magia relativa a plantar, el crecimiento y la expansión, tanto en un sentido literal como para cuidar de su propio crecimiento y desarrollo personal. Cuando la Luna se encuentra en esta mansión, es favorable para hechizos de protección así como rituales de arraigo que buscan la estabilidad.

MANSIÓN VEINTISÉIS
Al Fargh al - Awwal
(El pico frontal del cubo de agua)

POSICIÓN: 21° 25' 43" Acuario—4° 17' 09" Piscis

PALABRAS CLAVE: amor, afecto, amistades, relaciones, atracción, buena salud, buena voluntad.

Como mansión de buena voluntad y generosidad, sustenta la magia con buenas intenciones, en especial los hechizos relativos a relaciones, amistades, amor, y para atraer el afecto. Representa el romance y una forma más elevada, más divina de amor. También es favorable la magia relativa a la buena salud, restablecimiento de una enfermedad y todo tipo de sanación.

MANSIÓN VEINTISIETE
Al - Fargh al - Thani
(El pico inferior del cubo de agua)

POSICIÓN: 4° 17' 09" Piscis—17° 8' 34" Piscis

PALABRAS CLAVE: negocios, comercio, aumento de ingresos, sanación, capacidades psíquicas.

Esta mansión se asocia con la magia para aumentar sus ingresos y sacar beneficio de los negocios y el comercio. Conectada asimismo con las habilidades psíquicas, la magia que le haga contactar con ellas es favorable, así como llevar a cabo cualquier actividad de adivinación. La mansión está muy vinculada a rituales y hechizos de sanación.

MANSIÓN VEINTIOCHO
Batn al - Hut
(El vientre del pez)

POSICIÓN: 17° 8' 34" Piscis—0° Aries

PALABRAS CLAVE: compleción, finales, agrupación, cohesión, orientación, alcanzar objetivos, alegría, ser consciente del potencial.

Esta última mansión está muy vinculada con el tema de la compleción. Es el momento ideal para la magia asociada con los finales, para concluir proyectos y alcanzar objetivos o ambiciones. Es momento de cosechar los frutos del trabajo. y ocasión ideal para los hechizos que le ayudan a alcanzar sus objetivos, así como para la magia que le revela todo el potencial que posee.

9

LA ASTROLOGÍA Y EL CUIDADO PERSONAL

La expresión «cuidado personal» significa diferentes cosas según la persona. Para algunos se refiere a un agradable baño de espuma; para otros, un necesario tiempo a solas para practicar la meditación.

En el ajetreado mundo actual, cuidar de uno mismo resulta crucial para nuestro bienestar físico, mental y emocional, pero descubrir cuáles son las mejores prácticas para ello es cuestión de ir probando hasta encontrar algo con lo que realmente se sienta cómodo. La astrología le ayuda a comprenderse a sí mismo y a encontrar la forma perfecta de cuidarse. Por ejemplo, el signo del Sol, de la Luna y del ascendente representan quien es, su naturaleza básica y sus rasgos de personalidad; sintonizando los rituales de cuidados con estos signos potenciará el ritual para la sanación y mejorará su bienestar.

En este capítulo agrupo los signos zodiacales por elemento, ya que comparten rasgos similares y podrá elegir los rituales y las prácticas que más se adecúen a ellos. Para cada elemento encontrará también una tirada de tarot diseñada para que verifique e identifique aquellas partes de su vida que precisan atención. Recuerde, el cuidado personal pueden ser pequeñas acciones que se van acumulando para que, en conjunto, mejore su salud física, emocional y mental.

Si los rituales del elemento de su signo del Sol no le dicen nada, examine los de los demás elementos; podrían ofrecerle aquello que necesita. Todos necesitamos cosas diferentes en momentos diferentes, así que ¡siga su intuición hasta encontrar la práctica idónea para usted!

TIERRA

TAURO

Los nacidos bajo este signo están hechos para cuidar de sí mismos. Como signo de tierra, Tauro carga pilas conectando con el mundo natural, y disfruta de los placeres de la vida, en especial los que satisfacen a uno o más sentidos.

Quemar aceite esencial para aromatizar el ambiente es algo que gusta al lado sensual de Tauro, y puede elegir el aceite según lo que requiera (por ejemplo, para aliviar el estrés, queme aceite de lavanda). Una buena mezcla para Tauro es: partes iguales de pachulí, cedro y bergamota. Active otros sentidos a la vez escuchando su música favorita y vistiendo ropa cómoda. Si no dispone de aceites esenciales, queme un poco de incienso o una vela aromatizada.

Cuidar de alguna planta es otra buena opción para los nacidos bajo el signo del toro. Cuidar de la planta, regarla y limpiar las hojas puede ser una experiencia relajante que le dará satisfacción al verla crecer y prosperar.

Como Tauro rige la garganta y el cuello, es importante mantener este chakra equilibrado porque rige la comunicación y la autoexpresión. Los estiramientos de cuello para liberar la tensión en esta zona del cuerpo ayudarán, así como llevar cristales azules como aguamarina, lapislázuli y celestita para restablecer el equilibrio del chakra de la garganta.

A los Tauro les satisface la rutina, así que dedicar regularmente un tiempo a cuidar de sí mismo en su rutina diaria o semanal, ya es una forma de cuidado personal.

VIRGO

El cuidado personal es extremadamente importante para los Virgo, porque tienen tendencia a pensar demasiado y a preocuparse. Las actividades de cuidado personal le ayudarán a canalizar sus pensamientos de forma constructiva. Como signo de tierra, trabajar en el jardín puede fomentar la sensación de paz interior. Conectar con la naturaleza y trabajar con la tierra es una experiencia que arraiga y aporta una sensación de estabilidad y equilibrio interior así como de logro. La meditación y la atención plena aquietarán la mente hiperactiva de Virgo, igual que llevar cuarzo rosa, ágata de encaje azul, amatista y selenita; también puede dejarlos en su mesita de noche al acostarse.

Como signo asociado con el trabajo duro, Virgo obtiene un sentido del logro cuando finaliza las tareas. Escriba una lista de tascas diarias que realísticamente pueda lograr, ¡y sienta la satisfacción de irlas tachando una a una de la lista!

A los Virgo les gusta vivir y trabajar en un entorno limpio y ordenado, así que parte de su rutina de cuidado podría ser arreglar la casa, el espacio de trabajo o la habitación. Puede ser simplemente pasar el aspirador o quitar el polvo, o tirar trastos y hacer espacio en el armario llevando la ropa que ya no se pone a una tienda de segunda mano, para que otros disfruten de ella. Un entorno ordenado contribuye a dar un verdadero sentido de estabilidad y seguridad a un Virgo.

Regido por Mercurio, Virgo se centra en la mente. Una forma excelente de cuidado personal es ampliar sus conocimientos y habilidades. Lea un libro que le interese o investigue algún tema sobre el que quiera saber más.

CAPRICORNIO

El cuidado personal es extremadamente importante para el Capricornio adicto al trabajo, porque su empuje y su ambición a menudo les deja agotados. Usar cristales como el cuarzo ahumado, el citrino y la cornalina le ayudará a fortalecer su energía. Es muy importante dormir las horas suficientes por la noche. Podría acostarse siempre a la misma hora, tomar un baño relajante antes, o leer un libro antes de quedarse dormido, en lugar de permanecer frente a la pantalla de aparatos como el móvil o el ordenador.

Como a los otros dos signos de tierra, a los Capricornio les encanta aprender algo nuevo, sobre todo si es de forma continuada. A este signo le atraen actividades como el yoga, porque no solo alivia la ansiedad, sino que es una práctica que siempre puede ir mejorando y aprendiendo nuevas posturas.

El lado ambicioso de Capricornio no conoce límites, pero el hecho de ir en pos de los objetivos puede hacerle perder las pequeñas cosas de la vida. Salga a dar un paseo por la naturaleza. No solo le ayudará a reducir la ansiedad, sino que le dará la oportunidad de apreciar las pequeñas cosas, como el cambio de las estaciones o la belleza de una puesta de sol. La ambición de Capricornio puede que le haga olvidar recompensarse a sí mismo por los pequeños logros. Si ha fregado la cocina, salga a tomar un café. Si ha finalizado las gestiones, vea su programa televisivo o su película favorita. ¡No solo los grandes logros son importantes!

AIRE

GÉMINIS

Como todos los signos de aire, Géminis es intelectual y no hay nada que le guste más que ampliar sus conocimientos sobre prácticamente cualquier tema, ya que considera la información igual de importante y valiosa. A Géminis, el hecho de investigar le satisface igual que expandir la mente, así que dedicar un rato cada día a leer un nuevo libro es una forma excelente de cuidado personal para este signo.

Los Géminis no paran nunca, así que un paseo meditativo puede ser una forma muy beneficiosa de cuidarse. Estar a solas con sus pensamientos, sin distracciones, permite que la mente divague mientras camina. A Géminis le encanta el ejercicio, y esto también resulta beneficioso. Ejercicios energéticos como el spinning o una clase de zumba son buenas formas de desahogarse. Como Géminis tiene que esforzarse para permanecer centrado, una rutina variada le ayudará a mantener el interés y a sacar el máximo provecho de su ejercicio.

Regido por Mercurio, el planeta de la comunicación, la persona Géminis tiende a ser sociable y habladora. Pasar un rato con los amigos le ayuda a relajarse. Así como algunos signos se cansan al estar con gente, los nativos de este signo cargan las pilas estando con otros, en especial sus amigos, y les encanta conocer gente nueva.

Otra forma de relajarse para el Géminis es poner a prueba su mente analítica y lógica con algún puzle o juego. Podría ser completar un crucigrama o un rompecabezas, o incluso el escapismo de un juego de ordenador.

LIBRA

Los Libra tienden a poner a otros en primer lugar, por lo que hay que recordarles que el cuidado personal no es un acto egoísta, sino vital para nuestro bienestar. Reservar un tiempo para hacer algo que le guste, que sea solo para usted, sin importar de qué se trate, es una de las mejores formas de cuidarse para un Libra. El propio acto de darse prioridad y ser amable consigo mismo es un gesto poderoso y transformador.

Entre otras actividades, puede pasar un tiempo a solas. Procesará mejor sus pensamientos y lo que está pasando en su vida si reflexiona sobre ello con tiempo, sobre todo si el tema implica algún tipo de confrontación, algo que no gusta nada a los Libra.

Como buen comunicador, Libra a menudo encuentra útil expresar sus sentimientos por escrito. Poner los pensamientos sobre el papel ayuda a entenderlos y da más perspectiva. Sabiendo que lo que escribe no lo verá nadie más que usted le ayudará a explorar sus emociones y a entender mejor cómo se siente. Hablar con un amigo de confianza o con un terapeuta sobre sus sentimientos también es una buena forma de cuidarse para un Libra. Puesto que lo más importante para ellos es el equilibrio, llevar cristales como el citrino, ametrino, cuarzo rosa, cuarzo trasparente y lapislázuli durante el día le ayudará a restablecerlo. Tomar una bebida desintoxicante, como una infusión de diente de león, ortiga y trébol rojo, es también una buena forma de mantenerse físicamente equilibrado, porque Libra se asocia con los riñones, la parte baja de la espalda y el sistema endocrino.

ACUARIO

Los Acuario son excelentes resolviendo problemas, pero su deseo de ayudar a resolver los de los demás significa que se pueden agotar rápidamente. Necesitan dar un descanso a su cerebro de forma regular, lejos de las tensiones cotidianas. Los puzles y los juegos son una forma muy beneficiosa de cuidado personal, porque hacen uso de su capacidad innata de resolver problemas y llevan la atención y la conciencia al momento presente, convirtiéndolo casi en un ejercicio de atención plena.

Los Acuario poseen un fuerte sentido de la justicia social, pero pueden acabar exhaustos si no encuentran la forma de reponer esta energía dispensándose algún cuidado. Aunque les suele encantar la tecnología, estar constantemente expuestos a los problemas mundiales por Internet, televisión o redes sociales se convierte en una fuente de estrés. Tomarse un descanso del mundo y de la tecnología ayudará a procesar los pensamientos. El yoga ayuda también, puesto que le da al cerebro acuariano tiempo de relajarse y al mismo tiempo practicar un ejercicio suave. Llevar cristales como amatista, celestita, ágata de encaje azul y fluorita puede reducir el estrés y fomentar la relajación.

Como signo de aire, a los Acuario les encantan los retos mentales. Una forma perfecta de cuidado personal sería leer un libro sobre un tema que desconocen, o incluso de un género que no sea el habitual. Esto cumple todos los requisitos para un Acuario, porque es una oportunidad de leer algo diferente y adquirir nuevos conocimientos, a la vez que resulta mentalmente estimulante.

 # FUEGO

ARIES

A veces Aries tiene que esforzarse para mantener la concentración. Le irá muy bien anotar sus objetivos y el modo de alcanzarlos, porque tiende a empezar muchos proyectos distintos pero pocas veces los acaba. Hacer una lista de objetivos le ayudará a determinar los que realmente quiere seguir, para no desperdigar la energía, ¡ya que esta no es infinita! Esto le ayudará a mantener la atención en los proyectos que de verdad importan.

Como signo de fuego, el nativo de Aries tiende a rebosar energía. Canalizarla hacia algo productivo, como algún tipo de ejercicio energético que le haga sudar, será una forma de cuidado beneficiosa. Salga a correr o vaya en bicicleta, acuda al gimnasio o vaya a una clase de *spinning*; cualquier cosa que le ayude a quemar el exceso de energía.

Las personas nacidas bajo este signo tienden a llevar una vida activa, así que cualquier cosa que contribuya a calmar la mente es una buena forma de cuidado. Quemar aceites esenciales como el de lavanda, pachulí, cedro y manzanilla ayudará, así como escuchar música. Confeccione una lista de reproducción musical en la que pueda perderse, y escúchala siempre que precise relajarse, sobre todo por la noche antes de acostarse. Es esencial que el activo Aries tenga una buena rutina antes de acostarse que le ayude a disminuir el ritmo y relajarse por la noche. Podría ser un ejercicio suave de yoga o pilates antes de ir a la cama, o tomar una taza de infusión de manzanilla, lavanda y pasiflora antes de acostarse.

LEO

Como signo competitivo, a los Leo les encantan los desafíos. Participar en actividades que le permitan canalizar su naturaleza competitiva y liberar la presión puede ser una buena forma de cuidarse. Ya sea formando parte de un equipo o jugando solo, participar en un deporte competitivo como el fútbol, tenis o baloncesto es perfecto para los Leo. Si esto no le atrae, otras opciones serían correr con alguien con quien mantiene una sana competitividad o marcarse objetivos realistas en el gimnasio.

Los Leo son creativos, así que hacer algo que libere esta creatividad es una excelente forma de cuidado personal. Pruebe algo nuevo, como pintar o bordar, cualquier cosa que le permita expresar sus sentimientos y emociones. Si esto no es lo suyo, un cuaderno de colorear para adultos le servirá para relajarse y ser creativo al mismo tiempo.

Los Leo son perfeccionistas y se ponen bajo presión para que todo salga siempre bien. Cuando no llegan al nivel que ellos consideran perfecto, pueden quedarse atascados en pensamientos de autocrítica. La meditación les resultará beneficiosa para despejar la mente de tensiones y pensamientos inútiles. Aprender ejercicios de respiración para calmarse también es una forma excelente de cuidado para un Leo, ya que puede practicarlos en cualquier momento para aquietar una situación estresante.

Por lo general no son conocidos por ser madrugadores, pero practicar unos cuantos saludos al Sol al levantarse les ayudará a que la energía fluya. Esto aporta un beneficio doble, puesto que Leo se asocia con la columna vertebral y la parte baja de la espalda, y cualquier estiramiento de esta zona contribuirá a aliviar la tensión muscular.

SAGITARIO

A los Sagitario les encanta viajar y conocer lugares nuevos, pero tampoco hace falta gastar una fortuna en viajes para obtener sus beneficios. Explorar sitios cercanos a su casa puede resultar muy estimulante. Excursiones de un día a nuevos lugares es una forma interesante de cuidado personal para un Sagitario.

Explorar algo nuevo se aplica también a cualquier ámbito de la vida, y llevar un poco de variedad a su rutina diaria le ayudará a nutrir el alma. Practicar un nuevo pasatiempo, o probar algo como unas clases de cocina, o aprender un nuevo idioma, resultará vigorizante para este signo de fuego. Al Sagitario, rebosante de energía, le gusta practicar algún ejercicio, así que asegurarse de tener una rutina variada es una forma beneficiosa de cuidarse. Pruebe un nuevo deporte, apúntese a algún nuevo tipo de clase, de cualquier ejercicio que se aleje de su rutina habitual.

Sagitario rige las caderas, los muslos y las nalgas, así que un ejercicio que active estas partes del cuerpo será perfecto para este signo de fuego. La apertura de caderas activa el chakra sacro, en la parte baja de la espalda, y deja fluir la energía. Añada una zancada baja o algunas posturas de yoga como la del lagarto, mariposa o paloma, para desbloquear el flujo emocional. Llevar cristales como cornalina, ojo de tigre, citrino, calcita naranja y heliolita tocando la piel le ayudará a aprovechar al máximo su energía equilibradora.

AGUA

CÁNCER

La empatía innata del Cáncer hace que absorba mucha energía de sus seres queridos, y esto puede generar un gran estrés. Pasar regularmente un tiempo a solas es una buena forma de cuidado personal para un Cáncer, porque necesitan soltar la energía extra que llevan a cuestas para poder recargar pilas. La familia es importante para el Cáncer, así que además de pasar un tiempo a solas, puede hacerlo también con los seres queridos; esto le ayudará a relajarse.

Como signo de agua, no sorprende que Cáncer encuentre una gran paz estando cerca de grandes cuerpos de agua, ya sea un paseo a la orilla del mar, un río o un lago. Otra buena forma de cuidarse es nadar, porque esto contribuye a liberar la energía extra que han acumulado de otros y reduce los niveles de estrés. El Cáncer descubrirá que un baño de agua caliente le ayudará a equilibrar sus energías y le relajará. Use sales de Epsom, pétalos de rosa, melisa y unas gotas de aceite de eucalipto y de menta. Tome este baño reparador en luna llena y deje que las energías lunares lo potencien y le aporten calma y tranquilidad. Si su piel es sensible o propensa a las alergias, realice siempre antes una prueba del parche (*véase* pág. 142).

Los Cáncer son los más hogareños del zodiaco. Sus casas y sus espacios son increíblemente importantes para ellos, así que una forma estupenda de cuidar de sí mismos es trabajar haciendo alguna mejora en casa. Podría ser un poco de bricolage, limpiar, ordenar o purificar de vez en cuando el ambiente con el humo del incienso; cualquier cosa que le ayude a crear el hogar deseado para que se convierta en un refugio confortable y seguro alejado del mundo.

ESCORPIO

Los Escorpio son conocidos por su intensidad, por lo que les beneficiará un cuidado que les ayude a calmar la mente. Les resulta difícil relajarse porque están acostumbrados a una vida activa y un ritmo rápido, y su rutina de ejercicios no es diferente. El entrenamiento a intervalos de alta intensidad, correr a intervalos, levantar pesos o kickboxing son formas excelentes de cuidados para un Escorpio. La naturaleza vigorosa del ejercicio le permite quemar el exceso de energía, y al mismo tiempo resulta un desafío. También le gusta estar cerca del agua, por lo que deportes acuáticos como el kayak, el surf, el piragüismo y el aeróbic acuático son opciones excelentes.

Llevar un diario es otra forma de cuidar de sí mismo que, aunque no es fácil, puede reportar múltiples beneficios mentales y emocionales. Los Escorpio tienden a ocultar bien sus emociones, pero anotarlas en un diario les permite explorar sentimientos y expresar emociones en un espacio seguro. Llevar una obsidiana, ojo de tigre, piedra lunar, cornalina o ágata contribuirá a mantener sus energías arraigadas y equilibradas, para que no le abrumen las emociones. La meditación puede tener el mismo efecto de anclaje para el Escorpio, así como el yoga y los ejercicios de respiración.

Como signo de la muerte y el renacimiento, al Escorpio le atrae lo invisible y lo desconocido. Leer sobre ocultismo es una forma excelente de cuidado, porque profundiza en un ámbito donde puede contemplar los misterios de la vida. El propio acto de leer es también muy relajante para este signo, porque es una forma de aprender algo nuevo y ampliar conocimientos.

PISCIS

Los Piscis son amables y generosos por naturaleza, un rasgo del que otros se pueden aprovechar. Es uno de los motivos por los que el cuidado personal es importante para el bienestar de un Piscis. Es el más delicado de los signos de agua y prefiere ejercicios suaves como caminar, yoga, pilates y tai-chi. Actividades vigorizantes como nadar, tanto en una piscina como en el mar, pueden ser una buena forma para que un Piscis cargue sus pilas.

Es un signo muy creativo y será beneficioso que deje salir esta parte de su carácter. Se puede expresar mediante actividades como dibujar, pintar, hacer ganchillo, acolchar, tallar madera o cualquier otra cosa creativa que le permita usar la imaginación.

Piscis es el signo más psíquico del zodiaco, así que una buena forma de cuidar de sí mismo es explorar esta parte de su naturaleza. Practicar cualquier forma de adivinación le ayudará a contactar con este aspecto de su carácter. Póngase una amatista, lapislázuli o sodalita en el tercer ojo (la parte central de la frente) para abrir este chakra y conecte con sus habilidades psíquicas.

Piscis rige los pies, así que cualquier cosa que cuide de esta parte del cuerpo le ayudará a relajarse. La reflexología, un masaje de pies o una pedicura son cuidados excelentes. Para los pies cansados, haga un ritual dejándolos en remojo en agua caliente con sales de Epsom y cinco gotas de cada de aceite esencial de lavanda, cedro y menta por litro de agua caliente (no se olvide de realizar antes la prueba del parche, pág. 142). Relájese mientras deja los pies en el agua entre 15 y 20 minutos.

TIRADA DE TAROT PARA SIGNOS DE TIERRA

1.
¿Cómo puedo aprender a vivir en el momento?

2.
¿Qué puedo hacer para sentirme más arraigado?

3.
¿Cómo puedo cultivar la sensación de estabilidad en mi vida?

4.
¿En qué ámbito estoy trabajando demasiado?

5.
¿Cómo puedo crear un mejor equilibrio en el trabajo?

6.
¿Cómo puedo aprender a apreciar las cosas sencillas de la vida?

7.
¿Para qué cosa debería reservar hoy un tiempo?

1.
¿En qué esferas de la vida pienso demasiado?

2.
¿De qué modo se manifiesta el estrés que esto me produce?

3.
¿Qué puedo hacer para relajarme más?

TIRADA DE TAROT PARA SIGNOS DE AIRE

4.
¿Cómo puedo ser más consciente del momento presente?

5.
¿Cómo puedo empezar a dar prioridad al cuidado de mí mismo?

6.
¿Para qué debería hacer tiempo hoy?

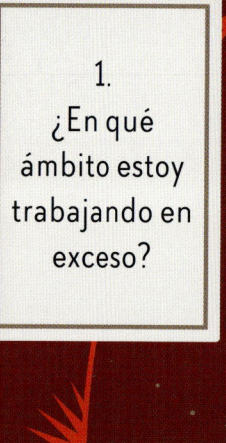

1.
¿En qué ámbito estoy trabajando en exceso?

2.
¿Cómo puedo ir a un ritmo más lento?

3.
¿Cómo puedo canalizar mi energía para que me ayude a cuidarme mejor?

4.
¿Cuál de mis grandes aficiones puede servir para cuidar de mí mismo?

5.
¿Cómo puedo usar mi lado creativo para relajarme?

6.
¿Qué desafíos debería buscar para ayudar a mi desarrollo?

TIRADA DE TAROT PARA SIGNOS DE FUEGO

TIRADA DE TAROT PARA SIGNOS DE AGUA

1.
¿En qué ámbito de la vida necesito relajarme más?

2.
¿Cómo puedo usar la creatividad para cuidar de mí mismo?

3.
¿Dónde acumulo las energías de otros?

4.
¿Cómo me está afectando esto?

5.
¿Cómo puedo soltarlas?

6.
¿Cómo puedo demarcar unos límites sanos?

7.
¿Cómo puedo aprender a fluir mejor?

Conclusión

La astrología es una herramienta asombrosa que nos ayuda a comprendernos mejor a nosotros mismos. Puede usarse también como una forma de cuidado para nutrir nuestro cuerpo, mente y espíritu. Examinar su carta natal le abrirá el mundo y le ayudará a entender qué le motiva, por qué tiene las creencias que tiene, y todo el resto que compone su «yo». Su estudio es como una llave que abre sus mundos interior y exterior y le permite conocerse en profundidad.

De entrada, la astrología parece un tema complicado, con un lenguaje propio, pero espero que este libro le haya servido para entender las bases si es que está iniciando su viaje astrológico. Espero también que le haya ayudado a aprender más sobre distintos aspectos de su carta natal y lo que significan en su vida.

Los mejores sitios web para calcular cartas astrales

1. astro-charts.com
2. astro.com
3. astro.cafeastrology.com/natal.php
4. costarastrology.com

Lecturas adicionales

ASTROLOGÍA EN GENERAL

Louise Edington, Guía completa de astrología, Ed. Edaf Antillas, 2022

Juliana McCarthy, Somos estrellas: una guía moderna de astrología, Ed. Koan, 2019

Julia y Derek Parker, Guía completa de astrología, Ed. Grijalbo Mondadori, 2007

Theresa Reed, Astrología para la vida real, Ed. Sirio, 2021

Kris Brandt Riske, Llewellyn's Complete Book of Astrology: The Easy Way to Learn Astrology

Jan Spiller, Astrology for the Soul

Sue Tompkins, Los aspectos en astrología, Ed. Obelisco, 1996

LOS PLANETAS

Eleanor Barz, Gods and Planets: The Archetypes of Astrology

Tamara Driessen, Luna: Harness the Power of the Moon to Live Your Best Life

Steven Forrest, The Book of the Moon

Steven Forrest, The Night Speaks: How Astrology Works

Claire Gallaghery Caitlin Keegan, Body Astrology: A Cosmic Guide to Health, Healing and Harnessing the Power of the Planets

Robert Hand, Planets in Transit

Ellias Lonsdale, Inside Planets

Sara Shipman, Real Life Astrology: Planets, Signs & Houses

Mari Silva, Los planetas en la astrología, 2022

Mari Silva, La Luna en la astrología, 2021

EL ZODIACO

Carolyne Faulkner, Los signos: descifra las estrellas, redefine tu vida, Ed. Planeta, 2018

Silvia Hill, Astrología: desvelando los secretos del zodiaco, el tarot y la numerología, 2021

Linda R. Moon, Sun, Moon, and Risings Signs: A Complete Beginners Guide to the «Divine Trio» of Astrology

Luna Sidana, Astrology: The 12 Zodiac Signs

Mari Silva, Signos lunares, 2021

Mari Silva, Signos solares, 2021

Marion Williamson, The Little Book of the Zodiac

ASTROLOGÍA OCCIDENTAL

Kenneth Bowser, An Introduction to Western Sidereal Astrology

Nicholas Campion, The History of Western Astrology

Demetra George, Astrology and the Authentic Self

Ashish Gujra, Verdic and Western Astrology: An Integrated Framework

J. Lee Lehman (traducción), Astrology for Initiates: Astrological Secrets of the Western Mystery Tradition

ÍNDICE ALFABÉTICO

Agradecimientos

Deseo expresar mi agradecimiento a todos
quienes me han apoyado en este viaje increíble
y han creído en mí y en mis capacidades.
No tengo palabras para agradecérselo.
Nunca hubiera podido escribir este libro sin
vosotros; me habéis ayudado a creer en mí
misma. Me habéis ayudado a conseguir más
de lo que jamás hubiera imaginado.

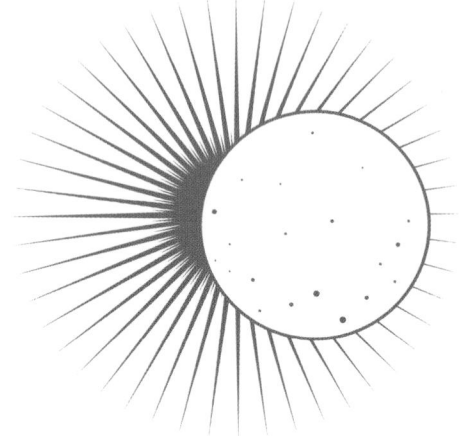